Sebastian Bock

KLEINE GESCHICHTE ISRAELS

AKZENTE

Sebastian Bock

KLEINE GESCHICHTE ISRAELS

Von den Anfängen
bis zur neutestamentlichen Zeit

AKZENTE

Herder Freiburg · Basel · Wien

Überarbeitete Neuausgabe 1998

Umschlaggestaltung: Finken & Bumiller, Stuttgart
Umschlagmotiv: Auszug der Israeliten in die babylonische
Gefangenschaft. – Teil eines Reliefs aus dem Palast
des Königs Sancherib in Ninive.

Herstellung: Freiburger Graphische Betriebe 1998
Gedruckt auf umweltfreundlichem,
chlor- und säurefrei gebleichtem Papier
ISBN 3-451-26536-2

Inhalt

Verzeichnis der Karten

Abkürzungen biblischer Bücher

Altes Testament

Gen	Genesis
Ex	Exodus
Lev	Levitikus
Num	Numeri
Dtn	Deuteronomium
Jos	Josua
Ri	Richter
Rut	Rut
1 Sam	1. Buch Samuel
2 Sam	2. Buch Samuel
1 Kön	1. Buch der Könige
2 Kön	2. Buch der Könige
1 Chr	1. Buch der Chronik
2 Chr	2. Buch der Chronik
Esra	Esra
Neh	Nehemia
Tob	Tobit
Jdt	Judit
Est	Ester
1 Makk	1. Buch der Makkabäer
2 Makk	2. Buch der Makkabäer
Ijob	Ijob
Ps	Psalmen
Spr	Sprichwörter
Koh	Kohelet
Hld	Hohelied
Weish	Weisheit
Sir	Jesus Sirach
Jes	Jesaja
Jer	Jeremia
Klgl	Klagelieder
Bar	Baruch
Ez	Ezechiel
Dan	Daniel
Hos	Hosea
Joël	Joël
Am	Amos
Obd	Obadja
Jona	Jona
Mi	Micha
Nah	Nahum
Hab	Habakuk
Zef	Zefanja
Hag	Haggai
Sach	Sacharja
Mal	Maleachi

Neues Testament

Mt	Evangelium nach Matthäus
Mk	Evangelium nach Markus
Lk	Evangelium nach Lukas
Joh	Evangelium nach Johannes
Apg	Apostelgeschichte
Röm	Brief an die Römer
1 Kor	1. Brief an die Korinther
2 Kor	2. Brief an die Korinther
Gal	Brief an die Galater
Eph	Brief an die Epheser
Phil	Brief an die Philipper
Kol	Brief an die Kolosser
1 Thess	1. Brief an die Thessalonicher
2 Thess	2. Brief an die Thessalonicher
1 Tim	1. Brief an Timotheus
2 Tim	2. Brief an Timotheus
Tit	Brief an Titus
Phlm	Brief an Philemon
Hebr	Brief an die Hebräer
Jak	Brief des Jakobus
1 Petr	1. Brief des Petrus
2 Petr	2. Brief des Petrus
1 Joh	1. Brief des Johannes
2 Joh	2. Brief des Johannes
3 Joh	3. Brief des Johannes
Jud	Brief des Judas
Offb	Offenbarung des Johannes

Einleitung

Von Norbert Lohfink

Brauchen wir überhaupt Bücher, die sich „Geschichte des Volkes Israel" nennen? Wollen diese, indem sie erzählen, was „wirklich" geschah, es nicht immer schon besser wissen als die Bibel selbst? Bricht nicht durch solche Bücher die „Aufklärung" in den biblischen Herzbereich ein? Reichen sie nicht dem Gläubigen, der in der Bibel die ewig-kräftigen Urbilder des Seelengrundes sucht, Steine statt Brot? Warum lesen wir die Bibel nicht einfach und lassen ihr Wort so, wie es ist, in unsere Seele sinken?

Nicht nur den Islam überflutet neu die Woge des Fundamentalismus. Nicht nur die Grünen leiden an ihren Fundamentalisten. Auch die noch an der Bibel hängenden Reste der Christenheit erleben neu, wie der biblische Fundamentalismus unter den Geistern wuchert, in Amerika noch mehr als bei uns, aber auch bei uns immer mehr.

Man muß dieser Radikalität, die die Bibel in reiner Wörtlichkeit und so, wie der Durchschnittshörer sie versteht, als Wort Gottes vernehmen will, vermutlich schon ganz grundsätzlich entgegentreten. So tut es Kardinal Ratzinger in seinem neuen Buch „Schriftauslegung im Widerstreit". Er fragt: „Aber wann höre ich eigentlich die Bibel ‚wörtlich'? Und welches Verstehen ist das ‚normale', das sie ganz in ihrem Eigenen beläßt?" Er stellt fest, „daß die Forderung der ‚Wörtlichkeit' und des ‚Realismus' keineswegs so eindeutig ist, wie es den Anschein hat".

Wie wahr das ist, zeigt sich erst recht, wenn man die Bibel aufschlägt. Dann steht gerade bei geschichtlichen Darstellungen oft Aussage gegen Aussage – schon vor jedem Vergleich der biblischen Texte mit den außerbiblischen Zeugnissen: Schriften, Inschriften, ausgegrabenen Überresten. Kommen sie noch hinzu, dann wird die Frage, was denn nun wirklich geschehen sei, nochmals mächtiger.

Lehnt man jede kritische Rückfrage auf die Fakten hinter den auseinanderstrebenden Zeugnissen ab, dann bleibt nur die Flucht in rein metaphorische Bibellektüre. Alles Geschichtliche wäre nur Gleichnis. Das eine Gleichnis könnte neben dem anderen stehen, auch wenn sie dieselben Vorgänge verschieden darstellen. Die Ereignisgestalten könnten sich im Raum der Fakten ausschließen, es käme nur auf ihre Symbolik an. Was der kritischen Geschichtsforschung übelgenommen wird – daß sie nach den Gattungen jedes ihrer Zeugnisse fragt –, wäre heimlich doch, und zwar im Exzeß praktiziert: Es gäbe nur noch eine einzige Gattung, die unhistorische, symbolische Narrativität.

Doch dem widersteht das biblische Wort. Es will mehr sein als Schlüssel zu Archetypen. Es behauptet, Zeugnis geschehenen und weiterwirkenden Handelns Gottes in unserer so materiellen und widerständigen menschlichen Wirklichkeit zu sein. Es will Offenbarung bezeugen, die mit geschichtlicher Verwandlung von Wirklichkeit anhebt, wenn sie dann auch erst in deutendem Wort und bezeugendem Buch ihre Abrundung erreicht und in diesem Buch jede Darstellung zugleich schon ein Stück der Deutung umschließt.

Daher wächst bei jedem Bibelleser, der wirklich hinhört und nicht nur sucht, was er schon weiß, der Wunsch, daß die Texte, die er liest, von ihrem geschichtlichen Hintergrund her noch an Farbe gewinnen, daß er sie von dem her, was für ihre ursprünglichen Leser selbstverständliches Welt- und Geschichtswissen war, im einzelnen noch besser begreifen kann. Er kommt auch bald dahinter, daß ein Vergleich von geschichtlichen Abläufen und biblischem Text es ihm oft erleichtert (und keineswegs erschwert), das herauszuhören, was die biblischen Verfasser für wichtig gehalten, besonders herausgearbeitet, als Deutung auf diese oder jene Weise schon in die Darstellung der Ereignisse selbst gesenkt haben.

Nur ein Historiker, der in der Geschichte Israels grundsätzlich nichts anderes erwartet als das, was immer und überall geschieht, und der den dortigen großen Gang der Dinge auf das Maß seiner eigenen, kleinen Erfahrungswelt in einer banal gewordenen modernen Gesellschaft herunterreduziert, wird am Ende eine Geschichte Israels entdecken, die nur noch durch ihre Austauschbarkeit mit jeglicher anderen Geschichte besticht. Eine solche Geschichte Israels muß dem Leser der Bibel allerdings eher Hindernis als Hilfe sein. Diesem Historiker ist die Rekonstruktion der Vergangenheit das eigentliche Ziel. Die Bibel ist nur seine stets skeptisch angegangene, wenn auch umfangreichste Nachrichtenquelle.

Einem Historiker, den nicht allein die historische Frage treibt, dem die Bibel vielmehr zugleich seinen Glauben erschließt, muß die kritische Rekonstruktion der faktischen Vergangenheit keineswegs schlechter gelingen. Eher noch besser. Denn er hat vielleicht aus der eigenen, gläubigen Lebenswelt strukturanaloge Erfahrungen zu dem, wovon die Bibel spricht. Er besitzt vielleicht offenere Augen, größere Staunensbereitschaft vor dem Ungewohnten und Einmaligen, weniger Vorurteile aus epochaler Erfahrungsarmut. Zugleich ist aber die Rekonstruktion der Vergangenheit gar nicht das Ziel seiner Mühe, nur eine begehrte Hilfe. So meint auch mit Recht Kardinal Ratzinger in dem schon zitierten Buch. Da trifft ein solcher Autor sich dann mit den Anliegen seines Lesepublikums, vor allem, wenn es sich um Darstellungen handelt, die von Umfang und Preis her ein größeres Publikum im Auge haben.

Wo sollen wir die vorliegende „Kleine Geschichte des Volkes Israel“ in dem entworfenen Panorama der Möglichkeiten von „Geschichte Israels“ einordnen?

Ich habe das Manuskript mit wachsendem Vergnügen gelesen. Und das keineswegs nur, weil Sebastian Bock auch meine eigenen Veröffentlichungen großzügig ausgeweidet hat (er hat sich dabei aber seine Freiheit gewahrt und sich mehrfach auch für die Auffassung anderer Autoren entschieden). Vielmehr scheint mir, daß sein Buch sich jener „Geschichte Israels“, die ein Bibelleser sich wünschen muß, erfreulich annähert.

Denn die kritische historische Arbeit der zwei letzten Jahrhunderte ist die Basis. Auch die neuesten Diskussionen und Forschungen sind dem Verfasser bekannt. Der Kenner bemerkt das bei aller Knappheit und unprofessionellen Formulierung ständig zwischen den Zeilen. Für die Frühgeschichte Israels kenne ich keine andere „Geschichte Israels“, die so glücklich den neuesten Stand der Forschung spiegeln würde. Mehr als in anderen Darstellungen wird die in letzter Zeit neu erkannte Bedeutung der Diaspora herausgestellt. Wissenschaftlich fehlt also nichts. Man kann sich auf das Buch verlassen, obwohl es – auch das natürlich eine Folge der im Taschenbuch gebotenen Kürze – oft einfach statuiert, wo andere Werke breit diskutieren können, welche Wahrscheinlichkeit einer Annahme zukommt und welche Alternativen es gibt. Doch bei wichtigen Fragen geschieht sogar letzteres. Israels faszinierende Geschichte ersteht lebendig vor Augen. Und zuverlässig.

Zugleich aber verbindet sich ganz neu der Faktenablauf mit den gesellschaftsgeschichtlichen und religionsgeschichtlichen Aspekten. Dadurch wird auf eindrückliche Weise das dramatische Zusammenspiel von Sozial- und Glaubensgeschichte sichtbar, durch das sich in Israels Geschichte „Offenbarung“ konkret vollzog – in einer Art Theologie von unten.

Dies alles wird dann noch engstens auf die biblischen Zeugnisse dieses Vorgangs bezogen. Die Bücher der Bibel werden sowohl in den Perioden behandelt, von denen sie berichten, als auch in denen, wo sie entstanden sind und auf spezifische Zeitanliegen geantwortet haben. Diese Darstellungstechnik ist für den Bibelleser äußerst hilfreich.

Ein Letztes: Dieses Buch hat sich eine weise Grenze gezogen. Es bricht da ab, wo der geschichtliche Prozeß sich gabelt. Denn die Geschichte des alten Israel läuft von einem bestimmten Punkt an auf zwei Wegen weiter: dem der in die Völker ausgreifenden Jesusbewegung und dem jenes Teiles des jüdischen Volkes, der diese Bewegung nicht als die erhoffte messianische Wirklichkeit erkennen kann und den allein wir heute noch als die Judenheit identifizieren. Es scheint mir gut, gerade hier die Grenze zu ziehen, sie aber auch in ihrer Eigentümlichkeit klar zu charakterisieren. Es ist schön, daß gegen Ende Röm 9–11 erwähnt wird.

Die Gesellschaft Gottes sucht ihre Gestalt

Israel ist irgendwann in der zweiten Hälfte des zweiten Jahrtausends v. Chr. aus Gruppen von Halbnomaden, Enterbten, Enteigneten und Ausgestoßenen, Bauern und vielleicht auch Auswanderern aus unteren Schichten entstanden. Diese Leute zogen aus den Städten aus und begaben sich auf die Seite der Landbevölkerung. Ein neuer, nach Familien- und Stammesprinzipien organisierter gesellschaftlicher Verband entstand, in dem es keine Zentralgewalt und keine Schichten mehr geben sollte. Das Israel der Frühzeit war als eine freie Stämmegesellschaft bewußt gegen die Stadtstaatengesellschaft Kanaans entworfen. Möglich war das nur, weil man es auch wagte, sich von den Göttern der anderen Gesellschaft loszusagen und sich ganz auf einen einzigen Gott zu verlassen, dessen Wesen und dessen Unmittelbarkeit der neuen Lebensmöglichkeit entsprach: Jahwe.

Diese Jahwegesellschaft war keineswegs schon das, was über ein Jahrtausend später etwa in der Bergpredigt programmatisch formuliert worden ist. Sie war bis zur Leidenschaft egalitär, aber sie war dies um den Preis der Lust am Krieg, und sie verehrte einen Gott, der auch und vor allem als großer Kriegsmann galt. Das war trotzdem etwas Neues, und ein neues Gottesbild war dadurch in Sicht gekommen.

Dieses erste Experiment der Geschichte Israels kam an ein Ende, als in der Richterzeit äußere Feinde die Abwehrkraft dieser Stämmegesellschaft überforderten und der Ruf nach einer führungs- und organisationskräftigeren Zentralinstanz laut wurde. Nun wurde Israel gerettet, indem es unter den

Königen zu einem Staat wurde. Es erhielt seine Existenz gerade dadurch, daß es das annahm, wogegen es ursprünglich angetreten war.

Die guten vier Jahrhunderte der Monarchie sind das zweite Experiment Gottes mit Israel in der Geschichte. Nachdem man den Staat hatte, wollte man ihn auch behalten. Der anfängliche Widerstand hatte nur den Teilerfolg, daß der Staat so geschwächt wurde, daß er in zwei Hälften auseinanderfiel. Doch blieben diese als Staaten bestehen, bis sie von den aufkommenden Großmächten um die Mitte des ersten Jahrtausends v. Chr. geschwächt und schließlich vernichtet wurden.

Doch auch der Staat ist ein Teil der Offenbarungsgeschichte. Von der Zeit Davids an wollte man ja einen anderen Staat, als ihn die übrigen Völker hatten. Man wollte das, was man von einer gerechten Gesellschaft und von ihrem Garanten Jahwe wußte, bewahren. Dies versuchte David durch das neue Heiligtum, durch seine Theologie und durch seinen Kult in Jerusalem. Dies wurde auch immer wieder von den Propheten in Erinnerung gerufen, die von einem Untergrund her lebten, der sich nie mit der Staatengründung abgefunden hat. Dies wurde schließlich in letzter Stunde nochmals neu versucht, indem in der deuteronomischen Reform die alten Gesellschafts- und Kulttraditionen der Richterzeit aus dem Untergrund herausgeholt und gewissermaßen zur Staatsverfassung proklamiert wurden, wenn auch unter einem König und einer Beamtenschaft.

Aber auch dieses zweite Experiment scheiterte. Im Jahr 586 v. Chr. wurde Jerusalem durch Nebukadnezzar vernichtet. Die nun folgende Babylonische Gefangenschaft brachte zwar die Auflösung aller Institutionen, doch keineswegs das Ende des Jahweglaubens, der sie getragen hatte. Vielmehr wurde dieses halbe Jahrhundert Deportiertenexistenz in Mesopotamien zur theologisch und schriftstellerisch produktivsten Epoche in der ganzen Geschichte Israels. Hier entstand der größte Teil jener Schriften, die wir heute Altes Testament nennen. Die Vergangenheit wurde aufgearbeitet, und vor allem: Zukunft wurde entworfen. Hier entstand Zukunftshoffnung, Eschatologie, Naherwartung oder wie man das nennen will, was seitdem aus unserer Welt nicht mehr wegzudenken ist. Sie lief in verschiedenste Richtungen. Aber vor allem eines wurde stark und setzte sich dann faktisch durch, nachdem Heimkehr und Neuanfang in Jerusalem unter dem neuentstandenen persischen Großreich möglich geworden war: die Idee einer gerechten, aus den alten Traditionen Israels lebenden Gesellschaft um das Heiligtum Jahwes herum. Jetzt lebte das Volk Jahwes in Juda nicht mehr als die Stämmegesellschaft der Frühzeit oder als Staat wie in der Monarchie, sondern in einer Art halbselbständiger, substaatlicher Existenz unter dem Dach des jeweiligen Großreichs, einerseits von ihm garantiert, andererseits in Ruhe gelassen – ähnlich wie auch die Diasporagemeinden als Subgesellschaft innerhalb der kleineren, aber konkreteren Größe der griechischen Polis existierten. So sollte unter der Herrschaft Gottes eine Art Modellgesellschaft für die anderen Völker entstehen.

Die konkrete Gestalt dieses dritten großen Experiments in der Geschichte Israels war die Tempelgemeinde oder der „Tempelstaat" um Jerusalem, zunächst im Rahmen des Perserreiches, dann im Rahmen des Alexanderreichs und seiner Nachfolgegebilde unter den Ptolemäern und Seleukiden. Auch dieses Experiment scheiterte. Am Ende waren doch wieder Klassen da, und die Oberschicht hatte sich an die hellenistische Weltkultur derart assimiliert, daß auch sie den wahren Gott nicht mehr sah und den Tempel in Jerusalem in ein Heiligtum des Zeus verwandeln wollte. Die neue Erziehung sollte durch die Gründung eines griechischen Gymnasiums geleistet werden. Dies alles fegte der Makkabäeraufstand hinweg; die Folge war jedoch sofort wieder die Bildung eines Staates mit brutalen Machtstrukturen. Dann kamen die Römer, und die Lage war von der Sache der Gesellschaft und der Erkenntnis des wahren Gottes her noch völlig offen und im Gären, als Jesus von Nazaret auftrat. Aus der Sehnsucht nach der verheißenen Gesellschaft bildeten sich die verschiedenen „Parteien", „Sekten" oder wie immer man es nennen will. Eine, die später das Judentum aus dem Untergang rettete, ist die pharisäische. Die es in die Völker und Weltzentren hineingetragen hat, ist die Bewegung um Jesus von Nazaret.

Von nun an geht die Geschichte Israels mit zwei Subjekten weiter: mit dem Teil des Judentums, der sich Jesus angeschlossen hat und der sich später den Völkern im Römischen Reich in einem solchen Ausmaß assimilieren wird, daß sich im öffentlichen Bewußtsein die Kontinuität mit Israel auflöst, und dann mit jenem Judentum, das Jesus nicht folgte und bei seiner politischen Freiheitssuche so dezimiert wurde, daß nur eine Gruppe, die pharisäische, sich halten konnte. Doch dieser Gruppe gelang es, die Überlebenden zu konsolidieren und auf eine erstaunliche Weise durch die Jahrhunderte weiterzuführen. So ist die Geschichte Israels bis heute die Geschichte eines doppelten Erbes, und die Hoffnung des Paulus aus Röm 11 gilt noch immer: daß eines Tages zum Staunen der Welt wieder „ein einziger Ölbaum" da sein und ganz Israel – Juden wie Heiden – als das ganze Volk Gottes gerettet wird.

Der Ausgangspunkt

1. Religion und Gesellschaft im Alten Orient

Religion und Gesellschaft standen im Alten Orient in einem unlösbaren Verhältnis. Das läßt sich an den großen Hochkulturen im Zweistromland und am Nil ablesen, die sich vor allem aus der Notwendigkeit entwickelten, eine regelmäßige Bewässerung der Felder sicherzustellen. Kennzeichnend für solche „Bewässerungsgesellschaften“ ist die „asiatische Produktionsweise“ *(Karl Marx):* Eine kleine Gruppe kontrolliert die Produktion, die von der großen Masse der in ihrer archaischen Sozialstruktur verharrenden Bevölkerung geleistet wird, und schöpft das Ergebnis ab. In Ägypten führte das relativ schnell zu absoluter Zentralisation, in Mesopotamien zu einem Nebeneinander verschiedener Zentren. Diese Zentren waren hier ursprünglich identisch mit dem jeweiligen Tempel, denn der Tempel war vor allem ein Wirtschaftskomplex. Der Gott, der dort verehrt wurde, war zugleich auch der eigentliche König des Bewässerungssystems. Deshalb spiegeln die Göttermythen im Grunde auch nur die Struktur der menschlichen Gesellschaft wider: Der Mensch ist als Ebenbild Gottes geschaffen, damit er zur Fronarbeit fähig ist (Atraḫasis-Epos).

Dieser ideologische Charakter der Religion tritt in Ägypten noch deutlicher in Erscheinung. Der Pharao war der Sohn Gottes, und von der Sicherung seines Geschicks – auch über den Tod hinaus – hing das Schicksal der ganzen Gesellschaft ab. Was das konkret an Unterdrückung der kleinen

Leute im Namen der Götter bedeutete, hat Israel in seinen Exoduserzählungen zum Ausdruck gebracht.

Das gesamte Leben in der altorientalischen Gesellschaft war religiös bestimmt. Kult und König hingen engstens zusammen. Jede Staatsaktion war kultisch, Jagd und Krieg vollzogen sich nach einem symbolischen Ritual, jedes Familienfest war zugleich sakrale Opferfeier.

Im einzelnen war der *Kult* sehr komplex und verschiedenartig. In den Tempeln „repräsentierten" Statuen oder Symbole die Götter. Selbstverständlich wußte man, daß die Gottheit nicht mit ihrem Bild identisch war. (Erst spätere monotheistische Polemik hat das dem Polytheismus vorgeworfen.) Aber zugleich versuchte man auch, diese Nichtidentität rituell zu überspielen.

Der Kult versorgte die Götter symbolisch mit Speise und Trank. Anders als im syrisch-kanaanäischen Bereich waren in Mesopotamien und Ägypten Brandopfer eine Ausnahme. Die Grenze zwischen Mahlzeit, vor allem Festmahlzeit, und Opfer war fließend. Oft stand auch magisches Denken hinter dem Kult, etwa die Vorstellung: Die Götter müssen gespeist werden, damit sie die Kraft haben, den Kosmos in Gang zu halten. Es gab kultdramatische Begehungen, bei denen die Göttermythen durchgespielt wurden, wie im Ritus des Neujahrsfestes. In diesen Zusammenhang gehören auch die Riten der Heiligen Hochzeit mit sakralem Geschlechtsverkehr. Dort wurde das lebenspendende Wirken der Götter nicht nur abgebildet, sondern sogar herbeigeführt.

Letztlich diente die Religion im Alten Orient dazu, das von den Mächtigen gelenkte Geschehen in der Gesellschaft zu legitimieren, so daß der einzelne dem nicht entgehen konnte. Weil diese Welt vom Menschen als numinos gefährlich erfahren wurde, waren ständig zur Besänftigung der höheren Mächte Unterwerfung und Opfer erforderlich.

Bei den *Gottesvorstellungen* lassen sich bestimmte Haupttypen unterscheiden. Fast überall findet sich der Glaube an eine große weibliche Gottheit. Sie wurde als die universale

Mutter des Lebens verehrt. Zu dieser „großen Mutter" gesellte sich oft ein jugendlicher Gott vom Typus des „sterbenden und auferstehenden Gottes": Er repräsentierte das Aufblühen und Vergehen der Vegetation. In diesem Götterpaar, das in Ägypten Isis und Osiris, in Asien Magna Mater und Adonis und in Syrien-Palästina Aschtarte (Aschera, Anat) und Eschmun (Adonis) hieß, wurden Leben und Fruchtbarkeit als göttlich erfahren und verehrt. Mit den ihnen geweihten Kulten der rituellen Lebenserneuerung verband sich dann oft auch der Glaube an ein Weiterleben der Toten. Im Zweistromland dachte man dabei an eine Verwandlung des Verstorbenen in den Gott Tammuz (Dumuzi), im ägyptischen Totenritual an eine Verwandlung in Osiris.

Solche Fruchtbarkeitsreligionen verschleierten die gesellschaftlichen Vorgänge, indem sie sie als naturhaft interpretierten. Der Mensch konnte in der numinosen Natur zwar ein Gefühl der Geborgenheit verspüren, verlor dabei aber seine Freiheit. Denn der Zwang, dem er sich unterwerfen mußte, war ja in Wirklichkeit nicht die große göttliche Notwendigkeit des Naturkreislaufs, sondern das Machtsystem, das hinter dem Tempel und seinen Ritualen stand.

Zum Kult des Lebens kam der Kult der großen kosmischen Realitäten hinzu. Sie waren in den kosmischen Göttern symbolisiert: Himmel, Sonne, Mond, Sterne, Winde, Wolken, Wassertiefe, Erde, Unterwelt. Die stets gleichmäßig ihre Bahn ziehenden Gestirne galten als die göttlichen Garanten der irdischen Ordnung, daher auch als Garanten des Rechts. So vor allem der Sonnengott. Hierzu ist dasselbe zu sagen wie zu den Fruchtbarkeitsreligionen: Die wahre Herkunft der irdischen Ordnung verschleierten sie.

Ein anderer Göttertyp war lokal gebunden, vor allem im Raum Syrien-Palästina. Man bezeichnete diese Lokalgötter oft auch als Baale = Herren. Ursprünglich kann es sich dabei um Heroen, große Menschen aus versunkener Vergangenheit, gehandelt haben. Oft standen aber auch numinose Erfahrungen dahinter, einmalige oder auch wiederholbare, die mit einem bestimmten Gebäude, einer Quelle, einem Stein, einem Berggipfel oder einer bestimmten Gegend verbunden wurden. Oder es handelte sich um dämonische Kräfte, die als Götter verehrt wurden. Ein mit dem Lokalgott zusammenhängender Göttertyp war auch der Stadtgott. Diese lokale Bindung von Gottheiten macht deutlich, daß es eigentlich um die numinose Durchdringung der ganz konkreten, am Ort gegebenen gesellschaftlichen Realität des Menschen ging.

Da die Götterwelt schließlich für den einzelnen zu kompliziert und vielfältig wurde und erlebnismäßig nicht mehr ausgefüllt werden konnte, entwickelte sich die Vorstellung von „Nahgöttern“ und „persönlichen Göttern“. Sie traten oft auch als Mittler an höhere Götter auf und wurden als „Gott des NN.“ oder „Gott unseres Vaters NN.“ bezeichnet. Ihnen galt nicht der offizielle, wohl aber der familiäre und persönliche Kult. Hier lag die Einbruchsstelle der individuellen Transzendenzerfahrung in das gesellschaftlich verschleiernde Gesamtsystem, und hier hat, historisch gesehen, die Überwindung dieser Religion durch Offenbarung angesetzt. Denn ein solcher „persönlicher Gott“ hat sich einmal in einer bestimmten Zeit seinen Verehrern als der einzige Gott geoffenbart, einen Anspruch auf Alleinverehrung erhoben und den Auszug einer ganzen Gruppe aus der alten Gesellschaft ermöglicht. Der Gott der Väter Israels gehört, religionsgeschichtlich gesehen, dem Typ eines solchen „persönlichen Gottes“ an: Jahwe/El, der Gott Abrahams, Isaaks und Jakobs. Die Religion Israels entstammt also nicht etwa dem konsequenten Durchhalten einer nomadischen Religionsform, wie man vermutet hat, sondern der komplizierten Religion der damaligen Hochkultur, die aufgrund der in ihr vorgesehenen Verehrung eines persönlichen Gottes etwas ganz Neues hervorbringen konnte.

Entscheidend ist dabei keineswegs der Gegensatz zwischen Monotheismus und Polytheismus. Denn „Polytheismus“ ist nicht so sehr der Gegensatz zum Monotheismus, sondern eine andere Erfassung der Transzendenz oder auch eine andere Sprache für dieselbe Erfahrung. Das Göttliche wurde als so vielfältig und zugleich so konkret erlebt, daß man den einzelnen Gotteserfahrungen auch verschiedene Namen gab. Dabei dürfte man aber niemals ganz aus dem Blick verloren haben, daß es im Grunde doch nur *eine*, alles umfassende göttliche Wirklichkeit gab. Im Gebet war sie im angeredeten Einzelgott präsent (Henotheismus), und auch im Kult konnte man sich auf einen Gott konzentrieren (Monolatrie). Noch wenige Jahrhunderte vor Christus hat man auch in Israel polytheistisch gedacht und geredet und die biblischen Texte innerhalb eines polytheistischen Aussagesystems formuliert. Von einem eigentlichen, nun auch theoretisch formulierten Monotheismus in Israel kann man erst seit dem Auftreten Deuterojesajas während des Babylonischen Exils sprechen. Bis zu diesem Zeitpunkt ging es allein um den Alleinverehrungsanspruch des Gottes Jahwe gegenüber seinem Volk. Dabei blieben die Rechte möglicher anderer Götter gegenüber anderen Verehrern unberührt.

2. Syrien-Palästina in der zweiten Hälfte des zweiten Jahrtausends v. Chr.

Schauplatz der Geschichte des Volkes Israel ist der Südteil der syro-palästinensischen Landbrücke zwischen den alten Kulturen und Mächten am Nil, im Zweistromland und in Kleinasien. Hier kreuzten sich bedeutende internationale Verkehrsstraßen und machten das Gebiet zu einem wichtigen Durchgangsland für Handel und Verkehr.

Keine Gegend der Alten Welt war von den verschiedenen epochalen Zentren her betrachtet zentraler gelegen als dieser Landstrich. So ist es nicht verwunderlich, daß die Großmächte aller Zeiten in diesem Land erbittert gekämpft haben. Nur in Zeiten, wo sie schwach waren, konnte das Land vorübergehend politisches Eigengewicht gewinnen. So war es

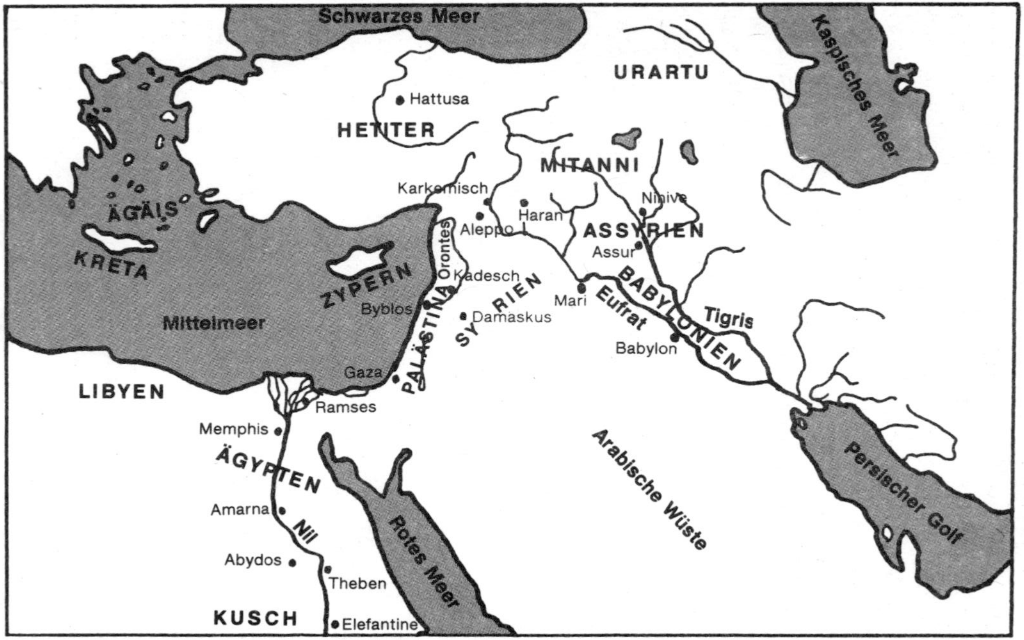

Der Alte Orient in der 2. Hälfte des 2. Jahrtausends v. Chr.

zur Zeit Davids. Seine geographische Lage öffnete das Land aber nicht nur für politische und wirtschaftliche, sondern auch für vielfältige kulturelle Einflüsse.

Die drei großen Machtblöcke in der zweiten Hälfte des zweiten Jahrtausends v. Chr. waren im Osten das Zweistromland (Babylonien und Assyrien), im Norden das Hetiterreich und das Reich von Mitanni und im Süden Ägypten. Dazwischen lagen die verschiedenen kanaanäischen Stadtstaaten (wie Hazor, Megiddo, Geser, Lachisch u. a.) und eben jener kleine Landstrich, von dem aus die Geschichte Israels ihren Anfang nahm.

In *Ägypten* brach nach der Herrschaft der Hyksos das Neue Reich an (1552–1070 v. Chr.). Hauptstadt war Theben (heute Luxor). Die Hyksos waren ein semitisches Wandervolk, das als neue Kampftechnik Pferde-Streitwagen einführte und schließlich als „Herrscher der Fremdländer" für hundert Jahre in ganz Ägypten die Macht übernehmen konnte. Pharao Ahmose (1552–1527) gelang ihre Vertreibung. Mit ihm beginnt die dritte und letzte Blütezeit Ägyptens. Auch der Sinai und Südpalästina gerieten nun in den Machtbereich Ägyptens, unter Thutmosis I. (1506–1494) sogar ganz Syrien bis zum Eufrat. Um 1400 v. Chr. wurde nach verschiedenen antiägyptischen Aufständen in Syrien-Palästina in einem Friedensvertrag unter Thutmosis IV. die Grenze bei Kadesch am Orontes festgelegt.

Hinter diesen Aufständen stand vor allem das um 1500 in Mesopotamien von den Hurritern begründete Reich von *Mitanni.* Es hatte die kleinasiatischen Hetiter unterworfen, unterlag aber 150 Jahre später selbst wieder dem unter König Šuppiluliuma I. (1370–1336) zu neuer Stärke erwachten *Hetiterreich.* Auch Syrien-Palästina geriet nun unter hetitischen Einfluß.

Nach der Regierungszeit des Pharaos Amenophis IV. Echnaton (1364–1347), der mit seinen neuen religiösen Ideen das ägyptische Staatsgefüge an den Rand des Ruins gebracht hatte, begann in Ägypten eine restaurative Zeit. Sie führte wieder zu einem stärkeren Engagement Ägyptens in Syrien-Palästina, mit dem Erfolg, daß dort die Vorherrschaft der Hetiter ein Ende fand. Sethos I. (1304–1290) eroberte Bet-Schean, Galiläa und den phönizischen Landstrich zurück. Auch Ramses II., der 66 Jahre regierte (1290–1224), unternahm einen Feldzug an der Küste Phöniziens zwischen Beirut und Byblos. Der Kleinstaat Amurru im syrisch-libanesischen Grenzgebiet fiel vom Hetiterreich ab. Nun kam es zwischen Ägypten und den Hetitern zur Schlacht bei Kadesch am Orontes (1285 v. Chr.). Der Ausgang blieb unentschieden; ein Friedensvertrag wurde ausgehandelt und die Grenze zwischen Kadesch und Qatna festgelegt. Palästina und Damaskus blieben ägyptisch, Kadesch hetitisch. Der Friedenswille der Hetiter gründete vor allem in der Angst vor der dritten starken Kraft im Rücken, dem assyrischen Reich. In Ägypten hatte der Friedensvertrag eine große Bautätigkeit zur Folge. So entstand im Ostdelta des Nils die Ramses-Stadt (heute Kantir), bei deren Errichtung vielleicht auch westsemitische Ausländer zur Arbeit herangezogen wurden. Auch wenn die Dinge historisch kaum geklärt sind, gilt bis heute Ramses II. als der „Pharao des Auszugs". Sein Nachfolger, Merneptah (1224–1204), mußte wieder einen Aufstand in Palästina niederschlagen. Seinen Sieg feiert die sogenannte „Israel-Stele" von 1219 v. Chr. und nennt dabei zum ersten Mal den Namen Israel. In dieser Zeit ist mit dem Beginn der Entstehung Israels als Sammlungsbewegung aus verschiedenen Bevölkerungsgruppen zu rechnen.

Kurz vor dem Ende des 13. Jahrhunderts tauchten im östlichen Mittelmeerraum auf einmal neue Volksgruppen auf, die wohl aus der Ägäis stammenden sogenannten *„Seevölker"*. Über Land zogen sie nach Syrien-Palästina, über das Meer bis nach Ägypten. Die nördlich des Libanon und südlich des Karmel liegenden Städte wurden zerstört, z. B. Ugarit bzw. Jafo, Aschdod und Aschkelon. Gleichzeitig wurde das Hetiterreich zunehmend durch innenpolitische Auseinandersetzungen zerrissen. Um 1200 v. Chr. wurde durch

Einfälle der Kaschkäer die Hauptstadt Hattuša (Boghazköy) zerstört.

Innenpolitische Wirren bestimmten auch das Bild in Ägypten, bis es Ramses III. (1184–1153) gelang, die Libyer und die inzwischen durch die Philister verstärkten Seevölker in der ersten bekannten Seeschlacht der Weltgeschichte zu schlagen und auch ihren Vormarsch auf dem Landwege zu stoppen. Den Philistern überließ er die Städte Gaza, Aschkelon, Aschdod, Ekron und Gat. Die zu dem Zeitpunkt einsetzende Eisenzeit führte zu einem Preisverfall der Bronze; der Wert der Kupferminen in Südpalästina nahm ab. Das führte dazu, daß Ägypten seine letzten Militärposten zurückzog. Gegen Ende des 12. Jahrhunderts löste sich der Druck der Großmächte auf die palästinensische Landbrücke.

Doch nun traten im Nordosten verschiedene *aramäische Stämme* auf. Der größte Aramäerstaat wurde das Königreich Damaskus. In Mesopotamien gelang es ihnen, den babylonischen Königsthron zu usurpieren. Im Ostjordanland entstanden die Königreiche der Ammoniter, Moabiter und Edomiter.

Im Süden war das durch libysche Herrschaftsansprüche und Seevölkerkämpfe geschwächte Ägypten in zwei Reichshälften zerfallen, im Norden hatten die Seevölker die Macht der Hetiter gebrochen. Syrien war den Seevölkern und den Aramäern unterlegen. Die Assyrer waren durch aramäische Staatenbildungen geschwächt, Babylon politisch bedeutungslos. Das komplizierte System des „Gleichgewichts der Kräfte“, das die Geschichte des Alten Orients und vor allem die der syropalästinensischen Landbrücke ein halbes Jahrtausend bestimmt hatte, war endgültig zusammengebrochen. Das war die Stunde, in der sich ein unter David geeintes kleines Volk namens Israel zu ungeahnter Höhe erhob und seinen Platz in der Weltgeschichte einnahm.

3. Die Quellen für eine Geschichte Israels

Für eine Geschichte Israels kommen folgende Quellen in Frage:

1. Schriftliche Quellen wie Inschriften, Dokumente, literarische Texte, Briefe usw.
2. Nichtsprachliche Überreste wie Ausgrabungsfunde, Gebäude, Tonscherben usw. (die sogenannte „stumme Archäologie").
3. Palästinensische Ortsnamen (in arabischer Sprache), wie sie im vorigen Jahrhundert systematisch von Reisenden gesammelt wurden.
4. Die Bibel als Sammlung alter geschichtlich orientierter Erzählungen und Nachrichten.

Während man bei 1 und 2 auch von einer „unterbrochenen Tradition" sprechen kann, bilden 3 und 4 eine „lebendige Tradition". Historisch auswerten lassen sich diese Quellen allerdings oft erst dann, wenn man sie kombiniert. Dabei dürfen freilich die Ergebnisse der Archäologie nicht überschätzt werden. Mauern, Steine und Tongefäßscherben können niemals die historische Zuverlässigkeit alttestamentlicher Texte beweisen. Andererseits kann die Archäologie mit ihrem „Hang zur Materie" viel zu einer am Alltag, an den ökonomischen und gesellschaftlichen Bedingungen auch der Analphabeten und Machtlosen interessierten Sozialgeschichte beitragen. So ist sie ein wichtiges Korrektiv für eine traditionelle Geschichtsschreibung, die aufgrund ihrer Quellenlage eine „Geschichte des Außergewöhnlichen" ist und an weiten Bereichen des menschlichen Daseins einfach vorbeigehen muß. Biblische Angaben, überlieferte Ortsnamen, Ausgrabungsbefunde und Dokumente aus alten Archiven ergänzen sich gegenseitig und können erst gemeinsam ein lebendiges Bild einer Epoche vermitteln. Vor allem in der Frühzeit und in der nachexilischen Zeit Israels tappen wir trotzdem sehr oft im dunkeln.

Am Anfang stand die Schatzsuche. Erste systematisch betriebene Ausgrabungen in Palästina begannen um die Mitte des 19. Jahrhunderts n. Chr., zunächst in Jerusalem, später auch in anderen Teilen des Landes. Allmählich wandte man sich mehr der Beschreibung und Deutung der Siedlungsschichten (Strata) alter Ortslagen und ihrer Identifikation zu. Unausgesprochenes Ziel war es dabei, die Bibel und ihre „Wahrheit" zu verteidigen.

Die großen Entdeckungen von Inschriften und Archiven im Orient waren meist eher Zufallsfunde: Byblos (Entdekkung u.a. des Grabes des Achiram, 1922), Mari (Tell Hariri, 1933), Ugarit (Ras Schamra, 1928), Ebla (Tell Mardikh, 1964). In Palästina gilt das auch von der aufsehenerregenden Entdeckung der Schriftrollen in den Höhlen von Qumran am Toten Meer (1947).

Besonders in den letzten Jahrzehnten hat die Archäologie Palästinas gewaltige Fortschritte gemacht. Während früher vor allem große Stadtzentren ausgegraben wurden, geht es heute immer mehr darum, geographische Regionen als Ganze zu betrachten und auch den ländlichen Bereich mit seinen kleineren Siedlungen miteinzubeziehen. Auf diese Weise gewinnt man Erkenntnisse über das tägliche Leben der Bevölkerung, über die wirtschaftlichen Verhältnisse und sozialen Veränderungen und erhofft sich so u.a. auch, einer Lösung der Frage nach der israelitischen „Landnahme" näherzukommen. So ist auf Tell Masos im nordöstlichen Negeb (Khirbet el-Meshash) ein unbefestigtes Dorf aus der Eisenzeit I (1200–1000 v. Chr.) freigelegt worden, das zu den frühesten Siedlungen der Israeliten gehört. Die Stadtpläne, Pfeilerhäuser, Terrassenanlagen und andere Besonderheiten zeugen von einer hochentwickelten Technologie und beweisen, daß die Bewohner in ihrem Häuserbau schon festen Traditionen folgten. Typisch für sie ist das Vier-Raum-Haus, mit einem Säulenhof in der Mitte. Der archäologische Befund zeigt, daß die israelitischen Siedler keineswegs „Wüstennomaden“ waren, sondern daß ihre Wirtschaftsform von Ackerbau und Viehzucht bestimmt war, daß die Bevölkerung eine soziale Differenzierung aufwies und daß sie weiträumige Beziehungen bis ins nordwestliche Arabien und zu den phönizischen Küstenstädten unterhielten.

Östlich von Afek, in Izbet Sartah, vermutlich das biblische Eben-Eser, hat man in einem Lagerraum oder Silo aus der Zeit um 1200 v. Chr. zwei Tonscherben mit Inschriften gefunden, Schülerübungen, die das älteste lineare Alphabet mit 22 Buchstaben enthalten. Auch das ist ein wichtiger Hinweis: Mit der Erfindung der alphabetischen Schreibweise hat sich die Schreibtechnik wie ein Lauffeuer verbreitet. Eine neue Epoche der Kulturgeschichte begann, eine Art Demokratisierung der Kultur. Die schriftliche Aufzeichnung ehemals mündlicher Traditionen wird dann eng mit der Staatswerdung zusammenhängen.

Die Bibel als Geschichtsquelle

Hauptquelle und auf manchen Strecken leider einzige Quelle für die Geschichte Israels ist die Bibel, wobei man sich allerdings stets vor Augen halten muß, daß hier keine Geschichtsschreibung im modernen Sinne vorliegt. Vielmehr handelt es sich um Glaubenszeugnisse, die die tatsächlich geschehene Geschichte entsprechend deuten, so daß sich die dahinter stehenden Fakten oft nur indirekt erschließen lassen. Hinzu kommt, daß das Alte Testament als Ganzes relativ jung ist (4.–2. Jahrhundert v. Chr.), auch wenn es viele ältere Quellen enthält. Wichtig sind vor allem seine literarischen Großkomplexe: der Pentateuch (Gen-Dtn), das deuteronomistische Geschichtswerk (Dtn – 2 Kön) und das chronistische Geschichtswerk (1, 2 Chr, Esra, Neh).

Erste Quelle in der Bibel ist der *Pentateuch,* dessen Endredaktion man – nach einer komplizierten Wachstumsgeschichte – um das Jahr 400 v. Chr. ansetzen kann. Im folgen-

Die „Geschichtswerke" des Alten Testaments

Pentateuch	= Gen	(Urgeschichte, Patriarchen)
(Redaktion: 5. Jh.	Ex	(Auszug und Sinai)
v. Chr.)	Lev	(Gesetze)
	Num	(Wüstenwanderung)
	Dtn	(Letzter Tag des Mose, „Zweites Gesetz")
Deuteronomistisches	= (Dtn)	
Geschichtswerk	Jos	(Landeseroberung)
(Redaktion: 6. Jh.	Ri	(„vorstaatliche Zeit")
v. Chr.)	1 u. 2 Sam	(Saul und David)
	1 u. 2 Sam	(„staatliche" Zeit bis zum Exil)
Chronistisches	= 1,2 Chr	(Schöpfung bis Exil – 6. Jh.)
Geschichtswerk	Esra }	(Esra und Nehemia – 5. Jh.)
(Redaktion: 4. Jh.	Neh }	
v. Chr.)		

den die – freilich heute sehr fraglichen – Thesen der klassischen Pentateuchanalyse: Älteste Schicht ist der sogenannte Jahwist (Abkürzung J, benannt nach dem Gottesnamen Jahwe, den er von Anfang an verwendet). Die Datierung schwankt vom 9. bis ins 5. Jahrhundert v.Chr. Der Jahwist versucht, eine Gesamtdarstellung der Urgeschichte Israels zu geben. Um 800 v.Chr. kommt, vielleicht auch nur in Form von Ergänzungen, ein zweiter Entwurf hinzu, der Elohist (Abkürzung E, benannt nach dem von ihm verwendeten Gottesnamen Elohim). Im Laufe des 7. Jahrhunderts entsteht dann das deuteronomische Gesetzbuch (Abkürzung D). Gleichzeitig werden die bisherigen Sammlungen protodeuteronomistisch überarbeitet. Das Ergebnis nennt man das jehowistische Geschichtswerk (Abkürzung JE). Hierzu entsteht um 500 v.Chr. in der Priesterschrift (Abkürzung P) ein neuer, unabhängiger Alternativentwurf. Die vielfältigen Überlieferungen dieser Quellen und noch anderes narratives und legislatives Material versucht dann die Pentateuchredaktion zu einem mehr oder weniger einheitlichen Werk zu verbinden, dessen einzelne Erzählfäden sich heute nur noch schwer entwirren lassen. Auch ist die Zuordnung im einzelnen oft überaus kontrovers, und gerade in jüngerer Zeit ist diese Pentateuchanalyse wieder sehr umstritten.

Jede auf diese Weise isolierte Schicht im Pentateuch gibt eine doppelte Information: zunächst einmal die Berichte über die Welt der Vergangenheit, dann aber auch über die Erfahrungen der Jetzt-Zeit. Diese sind es nämlich, die die Fragestellungen bestimmen, unter denen man an die Geschichte herangeht, und die Gesichtspunkte, unter denen man sie schreibt. Da die Schichten aufeinander aufbauen, kann die Frage nach der ursprünglich berichteten Welt natürlich nur an die älteste Schicht gerichtet werden. Im strengen Sinn sind alle Schichten nur für ihre jeweilige Abfassungszeit als historische Quellen anzusprechen.

Leider ist die Quellenlage für die Geschichte Israels erst ab der Zeit der Staatenbildung (um 1000 v. Chr.) günstig; für die Zeit davor läßt sie sehr zu wünschen übrig. Vor der sogenannten Landnahme war Israel noch kein Volk, sondern erst ein Volk im Werden. Die Umwelt nahm von ihm kaum Notiz, und selbst dachte es noch nicht an Geschichtsschreibung. Deshalb ist es umstritten, ob eine wirkliche „Geschichte Israels“ nicht überhaupt erst mit der Staatenbildung einsetzen sollte. Denn erst von da an hat man Geschichtsbewußtsein im modernen Sinn, dann ist „Geschichte“ geschrieben worden, dann wurde wahrscheinlich auch die Welt erst als „Geschichte“ erfahren und gedeutet. Doch angesichts der Bedeutung, die Israel seinen Anfängen beigemessen hat, muß man sich wohl von einem allzu engen Geschichtsbegriff befreien. Nur darf man dann nicht übersehen, daß „nichtstaatliche Geschichte“ gattungsmäßig eben auch anders tradiert wurde als „staatliche Geschichte“.

Hinzu kommt die gesellschaftliche Funktion der Geschichtsschreibung: Vermittlung von Erfahrung und Weltdeutung an eine neue Generation. Geschichtsschreibung in diesem Sinne dient als Mittel zur Sozialisation; sie hat den Zweck, in einer Gruppe ein Identitätsbewußtsein zu schaffen und dadurch diese Gruppe von anderen zu unterscheiden.

Deshalb widerspricht es auch dem Selbstverständnis der Bibel, sie einfach wortwörtlich als Geschichtsquelle zu lesen, als ob sich alles so, wie es geschrieben steht, auch wirklich zugetragen hätte. Falsch ist es aber ebenso, nur ein vermeintlich frühestes Stadium der Texte gelten zu lassen und alles Spätere als historisch wertlos abzutun. Erst das Berichtete und die Fragestellungen der jeweiligen Zeit zusammengenommen machen die ganze Bibel aus. Die älteste Schicht des Pentateuch ist für die Rekonstruktion seiner „erzählten" Welt ebenso wichtig wie jede weitere Schicht für die Rekonstruktion ihrer „gedeuteten" Welt. Schließlich ist auch die Bibel als Ganze ein unentbehrliches Zeugnis für einen einmaligen gesellschafts- und religionskritischen Prozeß, der in Israel stattgefunden hat und der dieses Volk nicht nur von allen anderen Völkern des Alten Orients unterscheidet, sondern ihm bis heute seine einzigartige Stellung in der Welt gegeben hat.

I. Kapitel

Israel als Stämmegesellschaft

1. Theorien zur Entstehung Israels

Das älteste Zeugnis für den Namen „Israel" stammt aus Ägypten. Auf einem in Theben gefundenen Denkstein aus dem Jahr 1219 v. Chr. werden im sogenannten „Siegeslied des Merneptah" die militärischen Erfolge dieses Pharaos verherrlicht. Dabei fällt dann auch der Name Israel:

„Die Fürsten sind niedergeworfen, rufen: Friede!
Keiner erhebt mehr seinen Kopf unter den Neun Bogen.
Libyen ist zugrunde gegangen, Hatti ist friedlich.
Kanaan ist mit allem Schlechten erobert.
Aschkelon ist fortgeführt, Geser gepackt, Jenoam zunichte.
Israel liegt brach und hat kein Saatkorn.
Hor (= Syrien und Palästina) ist zur Witwe geworden für Ägypten.
Alle Länder insgesamt sind in Frieden.
Jeder, der umherschweifte, ist gefesselt:
durch den König von Ober- und Unterägypten,
den von Amon geliebten, den Sohn des Re, Merneptah,
der mit Leben beschenkt ist wie Re, Tag für Tag."
(Israel-Stele, Zeilen 26–28)

Was ist Israel? Nach diesem Zeugnis ist Israel um 1219 v. Chr. weder eine Stadt noch ein Land, sondern ein Volk. Die übrigen erwähnten Namen lassen auf eine Bevölkerungsgruppe in Mittelpalästina schließen, die vielleicht in der Nähe von Sichem wohnte.

Ein ganz anderes Selbstverständnis Israels spricht aus der biblischen Überlieferung in Ex 1,1–5: „Das sind die Namen der Söhne Israels, die nach Ägypten gekommen waren – mit Jakob waren sie gekommen, jeder mit seiner Familie: Ruben, Simeon, Levi, Juda, Issachar, Sebulon, Benjamin, Dan, Naftali, Gad und Ascher. Zusammen waren es siebzig Personen; sie alle stammten von Jakob ab."

Dabei ist auch das Bild, das die Bibel von den Anfängen Israels zeichnet, keineswegs einheitlich. So gewinnt man in den Patriarchenerzählungen der Genesis den Eindruck einer langen Wanderung einzelner Familien (Emigration aus Mesopotamien und Einwanderung in Kanaan), bevor sie sich dann endgültig im Land niederlassen. Im Buch Josua wird diese Familiendimension gesprengt: Die Einwanderung der Israeliten geschieht hier nach Art einer Völkerwanderung und als planvolle Eroberung. Auch soziologische Unterschiede fallen auf: Werden die Patriarchen in der Genesis als Halbnomaden geschildert, so stammten die Israeliten unter Josua aus der Bauern- und Stadtkultur Ägyptens. Nach dem Richterbuch (Ri 1) vollzieht sich die „Landnahme" in Form einer isolierten Ansiedlung einzelner Stammesgruppen. Die Priesterschrift hingegen kennt überhaupt keine kriegerische Landnahme, und nach den Büchern der Chronik zählt Israel zur autochthonen kanaanäischen Bevölkerung und brauchte deshalb auch niemals einzuwandern.

Woher kommt also Israel? War es immer schon im Land, wie ja nicht nur das Siegeslied des Merneptah nahelegt, oder ist es als feste Größe, vielleicht sogar genealogisch geordnet, von außerhalb in sein Land eingewandert? Heute ringen bei den Historikern hauptsächlich vier Modelle von der Entstehung Israels miteinander:

a) Das Eroberungsmodell

Die Vertreter dieser Auffassung, vor allem der amerikanische Bibelwissenschaftler *William F. Albright* meinen, daß die Israeliten das Land im 13. Jahrhundert v. Chr. durch eine kriegerische Eroberung eingenommen haben (Invasion). Dabei berufen sie sich auf die Berichte des Josua-Buches von der Eroberung und Zerstörung wichtiger kanaanäischer Städte und auf archäologisch nachweisbare Zerstörungsschichten. Der Vorteil dieses Modells besteht darin, daß es sich eng an diejenigen biblischen Texte anlehnt, deren Vorstellungen sich später im Bewußtsein durchgesetzt haben. Dabei werden aber diese Texte zu schnell mit den heute durchaus anders gedeuteten archäologischen Ausgrabungsergebnissen verbunden. Deshalb wird dieses Modell heute in der wissenschaftlichen Diskussion kaum noch vertreten.

b) Das Einwanderungsmodell

Nach diesem von *Albrecht Alt* und *Martin Noth* entwickelten Modell kamen nomadische Gruppen von Schaf- und Ziegenhirten beim jahreszeitlich bedingten Weidewechsel regelmäßig mit den Kulturlandbewohnern in Kontakt (Infiltration). Allmählich fanden sie Geschmack am Ackerbau und wurden in bisher unbesiedelten Berglagen seßhaft. Auf diese überwiegend friedliche Phase folgte dann das Stadium des „Landausbaus", in dem die Stämme ihre Siedlungsgebiete abzurunden und kriegerisch auszuweiten begannen. Die Konzeption dieses Modells beruht auf der überlieferungsgeschichtlichen Analyse der biblischen Texte und auf Untersuchungen zur Siedlungsgeschichte Palästinas. Die biblische Darstellung von der gewaltsamen Eroberung des Landes unter Mose und Josua wird auf ätiologische Erzählungen (Ursprungssagen) zurückgeführt. Auch dieses bis in die Gegenwart die deutschsprachige Wissenschaft beherrschende Modell muß heute aufgrund neuer Erkenntnisse zumindest als Gesamtmodell als überholt bezeichnet werden.

c) Das Revolutionsmodell

Entscheidend für die allmähliche Situationsveränderung im Palästina des 13. vorchristlichen Jahrhunderts war nach diesem Modell ein politisch-sozialer und kultureller Wechsel.

Zu Beginn der Eisenzeit strömte plötzlich bäuerliche Bevölkerung aus der Ebene in das mittelpalästinensische Gebirge ein. Sie wohnte in Dörfern und zeigte mindestens zum Teil kulturelle Züge, die sich nicht von der Stadtkultur herleiten lassen. Aus diesem archäologisch erhärteten Tatbestand hat *G. E. Mendenhall* seine Theorie vom „Bauernaufstand" entwickelt und die Entstehung Israels aus innerkanaanäischen Bevölkerungsbewegungen erklärt. Sein „Revolutionsmodell" wurde von *Norman K. Gottwald* aufgegriffen und mit Hilfe soziologischer und ethnologischer Erkenntnisse ausgebaut. Auch nach Gottwald konstituierte sich „Israel" nicht durch Einwanderung, Immigration, sondern durch Sammlung. Randgruppen und unterdrückte Bevölkerungsschichten revoltierten und brachen aus dem kanaanäischen Staatensystem aus. Gottwald denkt an unterworfene Bauern, Söldner und Banditen, Kleinviehzüchter, Stämme-Gruppen (Bauern und Hirten) sowie Handwerker. Vom gemeinsamen Kult des Gottes El her gaben sie sich den Namen „Israel". Dazu stießen Gruppen, die aus Ägypten geflohen waren und die Kunde von einem Gott Jahwe mitbrachten. Sie gaben der Bewegung neue Impulse und neuen Elan. In dieser Phase des Prozesses, als die Gruppen aus Ägypten hinzukamen, spielte dann der Jahweglaube eine entscheidende Rolle.

d) Das Evolutionsmodell

Auch dieses Modell mit den Hauptvertretern *de Geus* und *N. P. Lemche* rechnet mit einer sozialen Entwicklung in Kanaan, die zur Entstehung Israels geführt habe (Evolution). Gruppen von einst unfreien Bauern und Pächtern aus den Ebenen ließen sich in den geringer besiedelten Gebirgsregionen friedlich nieder und bildeten neue agrarische Gemeinschaften („Retribalisierung"). Ursache war ein durch den Zusammenbruch der internationalen Handelswege veranlaßter Niedergang der Stadtkulturen. In diesem rein soziologischen Vorgang spielten religiöse Einflüsse keine besondere Rolle; die Eigentümlichkeiten des Jahweglaubens kämen aus der kanaanäischen Religion.

Am plausibelsten erscheint eine Verbindung der beiden letzten Modelle. Eine rein evolutive Konzeption übersieht die Rolle des Jahweglaubens für die Entstehung des Israel-Bewußtseins. Die reine Bauernaufstandstheorie scheint zu einseitig revolutionär-militant. Die Wahrheit wird irgendwo in der Mitte liegen. Auch eine friedliche Ansiedlung von Randnomaden ist keineswegs auszuschließen, bildet aber wohl nur einen Teil des gesamten Vorgangs. In Krisenzeiten hat der Rückgang des Getreideanbaus Nomaden dazu gezwungen, selber Ackerbau zu treiben. Sie übernahmen damit auch die Lebensweise der Seßhaften. So führt *I. Finkelstein* die Gründung zahlreicher neuer Siedlungen auf nomadische Elemente in der südlichen Levante zurück. Der Wahrheitskern des Eroberungsmodells liegt hingegen darin, daß es zwischen der neuartig organisierten Stämmebevölkerung des Berglandes und den alten kanaanäischen Stadtherrschaften sicher oft auch zu militärischen Auseinandersetzungen gekommen ist. Entscheidend für den Gesamtprozeß und seine Dauerhaftigkeit ist in jedem Fall die Bedeutung der neuen (glaubensmäßigen) „Sinn-Welt", die die kanaanäischen Götter als Symbole einer feudal gegliederten Gesellschaft ablehnte und im Namen des Gottes Jahwe eine egalitäre Gesellschaft von freien Menschen zum Ziel hatte.

2. Israel als Stämmegesellschaft

Für die Vertreter des Eroberungs- und Einwanderungsmodells war es sicher, daß die Patriarchen Nomaden oder wenigstens Esels-, Kleinvieh- oder Halbnomaden waren. Ihr Nomadenbild war dabei von den arabischen Beduinen oder den palästinensischen Randnomaden des vorigen Jahrhunderts geprägt. Nun haben aber Untersuchungen über die ökologischen, siedlungsgeschichtlichen und gesellschaftlichen Verhältnisse, wie sie vor allem die Amarnabriefe (14. Jahrhundert v. Chr., Residenz des Pharaos Echnaton am mittleren

Nil) und das ältere Mari-Archiv (18. Jahrhundert, Stadt am Eufrat) schildern, gezeigt, daß es diesen starken Gegensatz zwischen Nomaden und Seßhaften damals nicht gegeben hat. Nicht Nomadentum und Seßhaftigkeit dürften die beiden entgegengesetzten Kulturformen oder gar „Kulturstufen“ gewesen sein, sondern der Gegensatz von Stadt und Land, von einer spezialisierten und geschichteten Gesellschaft in der Stadt und einer stammesmäßig organisierten Gesellschaft auf dem Land.

Zur Stadt gehörten Zentralwirtschaft, Markt, Handwerk, Handel, an Kleinpächter verpachteter Landbesitz, Geräteherstellung usw. In der städtischen Gesellschaft gab es verschiedene Klassen und eine Führungselite. Die Stämmegesellschaft hingegen war nach Stämmen, Clans und Großfamilien organisiert. Man lebte auf eigenem Grund in Dörfern, die im Gegensatz zur Stadt unbefestigt waren. Und hier trieb man beides, Ackerbau *und* Viehzucht. Es konnte dann auf dem Land auch Gruppen geben, die sich auf Kleinviehzucht spezialisiert hatten. Sie waren im Zuge des Weidewechsels unterwegs, gehörten aber zu größeren Verbänden, die feste Wohnsitze in Dörfern und am Rande von Städten hatten.

Während in der Bronzezeit die Stadt gegenüber dem Land dominierte, hat sie am Übergang von der Spätbronze- zur Eisenzeit (13. Jahrhundert v. Chr.) ihre Führungsposition offenbar an die stammesmäßig organisierte Bevölkerung verloren. In einer Art sozialer Revolution gewann nun eine bisher untergeordnete Schicht die Macht.

Eine solche Gewichtsverlagerung zugunsten der Stämmegesellschaft läßt sich nicht nur in Kanaan, sondern auch in benachbarten Gebieten wie Moab, Ammon und Edom beobachten. Verschiedene Entwicklungen werden dazu beigetragen haben. Die beiden führenden Großreiche, die bisher ihre Macht vor allem auf die Städte gestützt hatten, Hatti und Ägypten, zerfielen. Dann eröffneten im Bergland neue Techniken auch neue Lebensmöglichkeiten. Die Erfindung der Eisenverarbeitung und der wasserdichten Zisterne erlaubten einen ausgedehnten Ackerbau. Indirekt führte das zu einem Anwachsen der nichtstädtischen Bevölkerung. Außerdem ermöglichte die Verwendung des Eisens auch die Herstellung neuer wirksamer Waffen.

Die den Exodus aus dem alten ökonomischen und sozialen System der Stadt gewagt hatten, wuchsen nun in die andere, auf Freiheit und Gleichheit gebaute Struktur der Stämmegesellschaft hinein. Als „Gegengesellschaft" zu den kanaanäischen Städten schlossen sie sich um das Jahr 1200 v. Chr. zu einem Stämmebund, der später den Namen Israel trägt, zusammen. Der Name enthält das Gotteselement „El" des kanaanäischen Schöpfergottes. Ein Gott Jahwe war diesen ersten „Israeliten" noch unbekannt. Gegen Ende der Frühepoche müssen auch Stämme untergegangen oder aus dem Zentrum verdrängt worden sein: Ruben, Levi, Simeon. In einer späteren Phase entstand dann durch Zusammenschluß mit aus Ägypten geflohenen Gruppen das „Jahwe-Israel". Der gemeinsame Kult war jetzt Jahwekult, der Kult des Gottes des Exodus und des Sinai. Kennzeichen dieses Zusammenschlusses waren die ausschließliche Treue zum Gott Jahwe, wirtschaftliche Gleichheit, die Konfrontation mit den Kanaanäern, Philistern und anderen existenzbedrohenden Völkern und schließlich die Untergliederung in die selbständigen Einheiten von Stamm, lokalen Schutzbündnissen und Großfamilien.

Der neuentstandene Stämmebund hatte keine zentrale Herrschaftsinstanz. In diesem Sinne war er keine staatlich verfaßte Größe. Der Stämmebund war trotzdem der Bezugsrahmen, wenn es um kultische Begehungen, um die Formulierung von Geboten und Glaubenssätzen, um das Ausrufen von Recht und um militärische Selbstverteidigung durch das Aufgebot der Stämme ging. Diese Aufgaben wurden von der Versammlung der erwachsenen Männer aller Stämme wahrgenommen. Dem levitischen Priestertum kamen zeremonielle, traditionsbildende und belehrende Aufgaben zu. In Notsituationen, in denen Führung erfordert war, zeigten sich charismatische Gestalten („Richter“), die ihre Macht aber später wieder zurückgaben.

Die Stämmeverfassung

Zur Struktur dieser bis zu zehn oder zwölf Stämme umfassenden Gesellschaft lassen sich aus den Texten, die die Frühzeit Israels widerspiegeln, folgende Angaben gewinnen:

Der einzelne *Stamm* (hebr. šēbet) setzte sich aus ungefähr 50 lokalen Schutzbündnissen von Großfamilien zusammen. Die Zahl der in Schutzbündnissen vereinigten Großfamilien betrug acht oder zehn. Der Stamm hatte kultische und militärische Funktionen. Er bot den Rahmen für gegenseitige Hilfe. Heiraten fanden vorzugsweise, aber nicht notwendig innerhalb des Stammes statt. Die Versammlung der erwachsenen Männer traf sich vielleicht mehrmals jährlich zu bestimmten Festen und führte die Musterung für den Krieg durch, wenngleich die Entscheidung über Krieg und Frieden der Versammlung der Stammesältesten zukam. Die Stammesältesten waren möglicherweise auch als Appellationsinstanz für Rechtsfälle, die der Gerichtsbarkeit des Dorfes entzogen waren, tätig.

Das *Schutzbündnis der Großfamilien,* der Clan (hebr. mišpāhāh), umfaßte je nach Lage 50 bis 100 Personen, die in demselben Dorf oder doch in dessen Nähe lebten. In einer größeren Siedlung konnte es mehrere solcher Schutzbündnisse geben. Das Schutzbündnis sorgte für gegenseitige wirtschaftliche Hilfe an den Mitgliedern, stellte eine bestimmte Zahl von Männern für das militärische Aufgebot des Stammes und bildete eine Rechtsgemeinschaft.

Eine wichtige Funktion kam bei diesen Aufgaben den Oberhäuptern der Großfamilien zu. Zum Beispiel trafen die Familienhäupter Abmachungen bezüglich der Ehen, die vorzugsweise, zeitweilig auch verpflichtend, zwischen Mitgliedern verschiedener Großfamilien geschlossen wurden. Das Schutzbündnis war nicht nach den Regeln des exogamen Clans organisiert.

Die *Großfamilie* (hebr. bēt-āb) schließlich war eine ursprüngliche Wohn- und wirtschaftliche Produktionseinheit. Sie umfaßte zwei oder mehr Generationen: die Frauen des Familienoberhauptes, die Söhne, die unverheirateten Töchter eines oder sogar aller männlichen Nachkommen des Familienoberhauptes. Die Funktion der Großfamilie bestand zunächst in der Sorge um die Nachkommenschaft. Weiterhin war sie die grundlegende wirtschaftliche Einheit. Die Großfamilie stellte aus ihren Reihen Krieger für das Aufgebot des eigenen Stammes. Sie sorgte für die Erziehung und übte eine soziale Kontrolle aus. Sie war auch dafür verantwortlich, daß die grundlegenden gesamtisraelitischen Verpflichtungen eingehalten und überliefert wurden.

Das Modell der stammesmäßig organisierten Gesellschaft des frühen Israel kann durch folgende Züge noch näher gekennzeichnet werden: Leben in offenen Dörfern, sehr geringe Arbeitsteilung, keine Klassenunterschiede, auf Verträgen oder auf Verwandtschaft beruhende egalitäre soziale Beziehungen, verteilte und zeitlich begrenzte Selbstregierung, militärische Selbstverteidigung, Ackerbau durch selbständige Bauern, Tauschhandel und direkter und gleicher Verbrauch von Gütern durch die unmittelbaren Produzenten. Damit unterschied sich Israel schon vom Ansatz her von der städtischen Organisationsform im syrisch-kanaanäischen Raum, wie sie sich 150 Jahre früher in den Amarna-Briefen spiegelt.

*Zur Amphiktyonie-Hypothese**

Wie kommt es, daß man schon von einer Größe „Israel" reden konnte, als noch kein Staat da war? Auf diese Frage wollte die frühere Amphiktyonie-Hypothese antworten, die auf Anregungen von *A. Alt* und *M. Noth* entwickelt wurde. Diese noch immer weitverbreitete Hypothese geht davon

---

* Amphiktyonie = im alten Griechenland und in Süditalien Städte- oder Stämmebund um ein Zentralheiligtum herum.

aus, daß es ein aus zwölf Stämmen bestehendes Großsystem schon lange vor Saul und David gegeben hat, das aber noch kein „Staat" war. Nach der Amphiktyonie-Hypothese waren es konkrete religiöse Institutionen, die das „Gemeinschaftsbewußtsein" des frühen Israel prägten. Noth verstand sie analog zu den griechischen und italischen Amphiktyonien. Solche Amphiktyonien, d.h. sakrale Bünde zwischen Stadtstaaten, bildeten sich um ein zentrales Heiligtum, an dem die verschiedenen „Stämme" (so sagten selbst die Griechen) dann abwechselnd ihren Dienst verrichteten. Im alten Israel sei das zentrale Heiligtum die Bundeslade gewesen. Wo sie stand, trafen sich die Stammesführer, sprachen Recht, und dort wurden auch die verschiedenen Stammestraditionen zu einer Gesamt-Israel-Tradition verschmolzen. Das Gründungszeugnis einer solchen israelitischen Amphiktyonie sah Noth im sogenannten „Landtag von Sichem" (Jos 24); eine amphiktyonische kriegerische Aktion gegen ein das Bundesrecht verletzendes Mitglied in dem Bericht von der „Schandtat von Gibea" (Ri 19–21).

Inzwischen sind die Einwände gegen die geniale These Noths so stark geworden, daß man sie guten Gewissens kaum noch verwenden kann. So weist die von Noth als entscheidendes Kriterium herangezogene Zwölfzahl in den Stammeslisten und -formeln keineswegs zwingend auf eine Amphiktyonie hin. Es gibt auch Belege für 5, 6, 7, 10, 13, 23 und sogar wechselnde Zahlen von Mitgliedern solcher Amphiktyonien. Das älteste Dokument aus der Frühzeit Israels, das Deboralied (Ri 5), nennt außerdem nur zehn Stämme. Auch kennt das Alte Testament Listen der Keturasöhne, der Ismaeliter und der Edomiter, denen ebenfalls die Zahl Zwölf zugrunde liegt. Schließlich weist der Name „Israel" auch nicht auf den Gott Jahwe hin, um den es in Jos 24 geht, sondern auf den Gottesnamen „El". Die Bundeslade war ein Jahwe-Kultobjekt, ja, gab es sie überhaupt in der ersten Phase Israels? Vor allem aber fehlt das Wichtigste einer Amphiktyonie, nämlich das zentrale Heiligtum. Die Bundeslade, auf die Noth auswich, kommt dafür nicht in Frage. Mit Sicherheit gab es in der Frühzeit Israels eine Vielzahl gleichzeitig bestehender Heiligtümer (Schilo, Bet-El, Sichem usw.). Auch ist die an dem amphiktyonischen Heiligtum vermutete „Bundesinstitution" wohl doch sehr hypothetisch. Die alttestamentliche „Bundestheologie" jedenfalls gehört erst einer späteren, nämlich der deuteronomischen Bewegung des 7. Jahrhunderts v. Chr. an. Schließlich stellt auch das von Alt entdeckte „apodiktische Recht", ein Begriff, der im übrigen inzwischen weiter zu differenzieren ist, weder eine exklusive Eigenart Israels dar, noch läßt es sich mit etwas wie Amphiktyonie verbinden. So bleibt von der so tief in unsere Vorstellungen eingesickerten frühisraelitischen „Amphiktyonie" als Gesamthypothese bei kritischer Betrachtung eigentlich nichts mehr übrig. Aber es ist inzwischen auch nicht mehr nötig, unbedingt eine „Amphiktyonie" zu postulieren.

*Eine akephale Stämmegesellschaft**

Daß es nicht-staatliche und dennoch stabile Großgesellschaften ohne Zentralinstanz, die keineswegs „Amphiktyonien" waren, gegeben haben kann, hat die britische Schule der „Social Anthropology" an den segmentären Gesellschaften Afrikas nachgewiesen, die bis vor wenigen Jahrzehnten noch funktioniert haben. Diese segmentären Gesellschaften waren umfassende soziale Systeme vor allem Ackerbau treibender Bevölkerungen, die ohne jede zentrale Herrschaftsinstanz auskamen und ein hohes Gefühl für soziale und ökonomische Egalität entwickelten. Sie funktionierten durch die auf verschiedenen, jeweils höheren Ebenen angesiedelten Gruppensolidaritäten des einzelnen Mitglieds, die je nach Situation wirksam wurden. Man besaß genaue genealogische Systeme, wo jeder seinen festen Ort hatte. Als Instanzen gab es neben der festen häuslichen Autorität meist noch Dorfälteste, darüber hinaus aber nur Sprecher- und Führergestalten aus konkretem Anlaß, die

* akephal = nicht staatlich, ohne zentrale Führungsinstanz.

nach erfüllter Aufgabe wieder ins Glied zurücktraten, dazu prophetische Gestalten und sogenannte Experten für verschiedene Fragen, an die man sich frei wenden konnte, etwa auch Priester. Es gab feste Mechanismen, durch die eine natürlich immer wieder aufkommende wirtschaftliche Ungleichheit regelmäßig auch wieder abgebaut wurde.

Zwischen diesen Gesellschaften und dem Israel der Richterzeit zeigt sich eine ganze Reihe von Ähnlichkeiten. Sie erstrecken sich allerdings nicht auf die religiösen Aspekte. Im ganzen bieten diese Gesellschaften eine bessere Analogie zur vorstaatlichen Stämmegesellschaft der Jahweverehrer als die griechischen oder italischen Amphiktyonien.

Die Hypothese der Entstehung der „vorstaatlichen" Gesellschaft der jahwetreuen Stämme durch politisch-sozialen und kulturellen Wechsel beim Übergang von der Spätbronze- zur Eisenzeit läßt, wie gesagt, durchaus auch die Möglichkeit offen, daß einzelne Gruppen von außen zu der Stämmegesellschaft stießen und dabei auch ihre „Erinnerungen" in den gemeinsamen Traditionsstrom einbrachten – wie es die Patriarchengruppen getan haben mögen, vor allem aber die Mosegruppe aus Ägypten. Ihre Erinnerungen waren „profilierter" als die der Clans und Stämme, die seit unvordenklichen Zeiten in Kanaan gelebt und mit ihrem Auszug aus den kanaanäischen Städten eine ähnliche Exodus-Erfahrung gemacht hatten. So prägten schließlich die Erinnerungen der zahlenmäßig an sich kleineren Gruppen das gemeinsame Bild von den Ursprüngen, das die Gesamtheit des Volkes Jahwes, des Gottes Israels, formte und das dann in den Patriarchenerzählungen der Genesis und in den Erzählungen von der Befreiung aus Ägypten bis zur Einnahme Kanaans (Ex-Ri 1) literarisch ausgestaltet und weiterentwickelt wurde. Hier sind, unter sehr viel auf eine spätere Leserschaft ausgerichteter theologischer Übermalung, manche historischen Nachrichten erhalten, die im folgenden in das bisher entworfene grobe Gesamtbild eingeordnet werden sollen.

3. Der historische Ertrag der Bücher Exodus bis Richter

Die verschiedenen Gruppen, die seit dem ausgehenden 13. Jahrhundert v. Chr. zu „Israel“ wurden, besaßen vermutlich alle ihre eigenen Überlieferungen. Was davon in den gemeinsamen Traditionsstrom eingeflossen ist, findet sich in Form einer jüngeren Geschichtskonstruktion in den Büchern Genesis bis Richter. Doch hier ist aus einem ursprünglich zeitlichen und geographischen Nebeneinander der einzelnen Erzählungen ein Nacheinander geworden, in der Reihenfolge Abraham, Isaak, Jakob (Israel) und seine zwölf Söhne, Josef, Exodus, Wüstenwanderung einschließlich Sinaitheophanie und als Abschluß die Landnahme. Diese verschiedenen Erzählungen bestanden zunächst aus Einzeltraditionen bzw. Traditionsblöcken, die erst der Jahwist zu der Einheit, in der sie heute vorliegen, verbunden hat. Zwei Techniken liegen seiner Komposition dabei zugrunde:

1. das Prinzip der Wanderung: Alle Erzählungen beginnen mit der Ankunft der Hauptperson und enden mit ihrer Abreise an den nächsten Ort. Das ist der Grund, weshalb die Patriarchen und ihre Familien ständig auf der Wanderschaft zu sein scheinen, und es entsteht beim Leser der Eindruck einer nomadischen Vergangenheit ganz Israels.

2. das Prinzip der Genealogie: Verwandtschaftsbeziehungen werden konstruiert und bringen die handelnden Personen und ihre Sippen miteinander in Verbindung. Die Vater-Sohn-Folge macht aus unterschiedlichen Traditionen eine einzige Familiengeschichte (vgl. die Listen in Gen 11,10–32; 22,20–23; 25,1–4; 25,13–16; 36,10–14). Diese Genealogien erwecken beim Leser wiederum den Eindruck, daß die Nachfahren Abrahams einen weiten Raum besiedelt haben, von Obermesopotamien bis ins südliche Arabien. Nach der „Völkertafel“ in Gen 10 sind sogar alle Völker im vorderasiatischen Raum miteinander verwandt. Vor allem

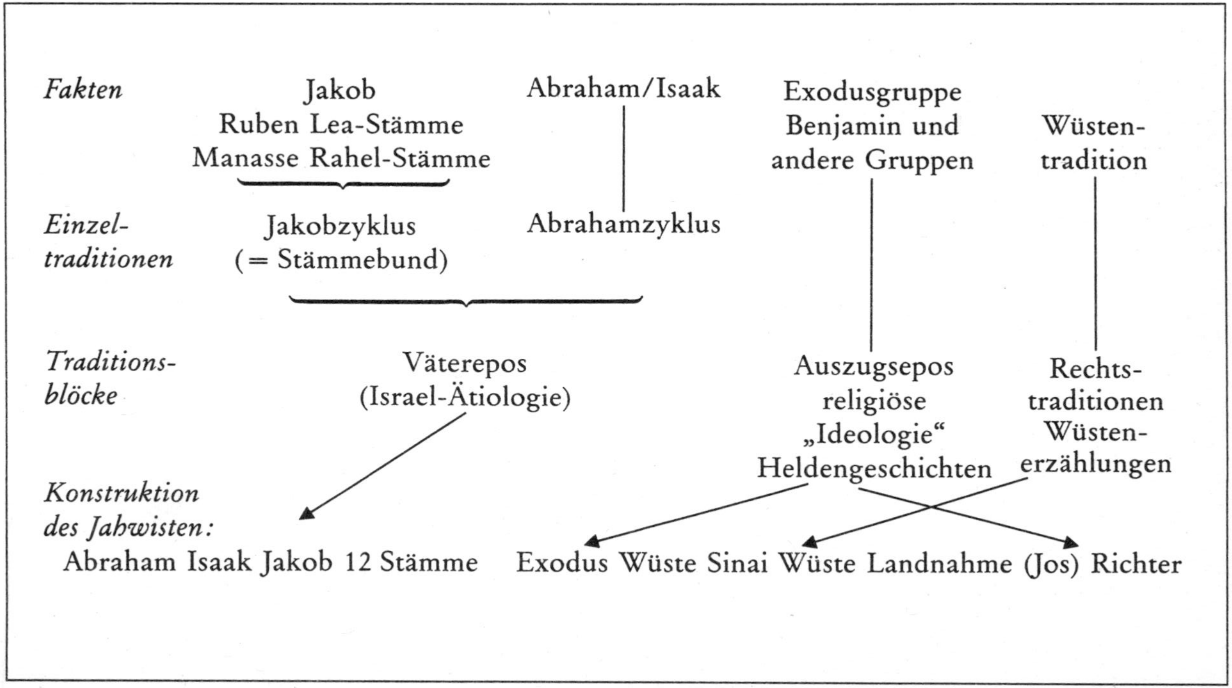
Fakten
Jakob
Ruben Lea-Stämme
Manasse Rahel-Stämme
Abraham/Isaak
Exodusgruppe
Benjamin und
andere Gruppen
Wüsten-
tradition
Einzel-
traditionen
Jakobzyklus
(= Stämmebund)
Abrahamzyklus
Traditions-
blöcke
Väterepos
(Israel-Ätiologie)
Auszugsepos
religiöse
„Ideologie“
Heldengeschichten
Rechts-
traditionen
Wüsten-
erzählungen
Konstruktion
des Jahwisten:
Abraham Isaak Jakob 12 Stämme
Exodus Wüste Sinai Wüste Landnahme (Jos) Richter

aber geht es um die Verwandtschaftsbeziehungen innerhalb des Zusammenschlusses der (zwölf) Stämme Israels.

Schematisch läßt sich die Geschichtskonstruktion des Jahwisten so darstellen (s. S. 45).

Die Patriarchen

Bibel: Gen 12–35

Wie fügt sich nun das sogenannte „Zeitalter der Patriarchen" in den Rahmen dieser Frühgeschichte Israels ein? Aufgrund seiner Quellenkritik hatte schon *Julius Wellhausen* im vorigen Jahrhundert den Patriarchen jegliche historische Wahrscheinlichkeit abgesprochen. Auch wenn sich nun in keiner Weise ein solches „Zeitalter" rekonstruieren läßt, kann ein Vergleich des biblischen Materials mit außerbiblischen Zeugnissen doch wichtige Erkenntnisse für die Patriarchen bringen. Wir verfügen heute über eine stattliche Anzahl von Dokumenten aus dieser Epoche und aus den Ländern, in denen nach der Bibel die Patriarchen gelebt haben.

Die Namen Abraham, Isaak und Jakob gehören zu den bekannten Personennamenstypen im Nordwestmesopotamien des 2. Jahrtausends vor Christus, kommen aber auch später noch vor. Abram, in Gen 17,5 in *Abraham* umgeändert, bedeutet „Mein/der Vater ist erhaben". Abraham ist dazu eine erweiterte Nebenform mit der Bedeutung „Der Vater ist hoch, d.h., er ist tot, und das Kind ist sein Ersatz". Der Name ist im 14. Jahrhundert in den Texten von Ras Schamra (Ugarit) belegt.

Der Name *Isaak* (gedeutet als „Gott möge lachen, gnädig sein" oder „Gott lacht, ist gnädig") ist außerhalb der Bibel nicht belegt, entspricht aber in seiner sprachlichen Form durchaus der Namensbildung des 2. Jahrtausends.

Der Name *Jakob* („Gott möge schützen", „Gott schützt") schließlich gehört zum gleichen Namenstypus. Er ist schon im 18. Jahrhundert vor Christus in akkadischer Schrift belegt, später auch in ägyptischer Schrift als Ortsname in Palästina.

Die Wortspiele, die in den Patriarchenerzählungen mit diesen Namen gemacht werden, zeigen, daß man sie damals schon nicht mehr in ihrem ursprünglichen Sinn verstand.

Ein Teil der Patriarchenerzählungen spielt in der Gegend von *Haran* in Obermesopotamien, im 19./18. Jahrhundert v. Chr. nach Assur die bedeutendste Stadt im Umkreis. Dort ließ sich nach der Genesis Terach, der Vater des Abraham, mit seiner Familie nieder; von dort aus zogen Abraham und Lot nach Kanaan, dort fand Isaak eine Frau aus seiner Sippe, und dort verheiratete sich Jakob und blieb etwa „zwanzig Jahre". Haran wird im 20. und 19. vorchristlichen Jahrhundert oft auf kappadozischen Tontafeln erwähnt, dann im 18. Jahrhundert auch in den Mari-Texten. Um Haran herum sind auch andere Namen aus der Patriarchengeschichte zu lokalisieren, wie Nachor, Serug und Terach, und zwar als Ortsnamen. Aus Palästina erwähnen die Patriarchenerzählungen nur eine relativ begrenzte Anzahl von Orten, und zwar weder Orte in der Küstenebene noch in Galiläa, sondern nur in Mittel- und Südpalästina und im Ostjordanland.

Alle Patriarchen wohnten außerhalb der städtischen Zentren. Gen 13 spricht von der Landaufteilung zwischen Abraham und Lot am Jordan. Lot wählte die fruchtbare Jordanzone. Abraham ging nach Juda. Isaak ist in der Gegend von Beerscheba im Negeb lokalisiert. Sein Sohn Jakob, der später den Ehrennamen „Israel" bekam, hielt sich zunächst bei Laban in Obermesopotamien auf, später im Ostjordanland. Dabei grenzte er sich von seinem Bruder Esau ab, dem Stammvater der Edomiter. Später finden wir Jakob aber auch in Mittelpalästina, u. a. in Sichem und Dotan.

Die markantesten Erzählungen haften an den alten Hauptheiligtümern, die zu Orten einer Theophanie werden: Sichem (Abraham und Jakob), Hebron-Mamre und Beerlachajroi (Abraham), Bet-El, Penuel am Jabbok und Mahanajim (Jakob). Nach der Bibel verehrten die Patriarchen denselben Gott, der auch den Bewohnern Kanaans bekannt war. Offenbar handelte es sich um verschiedene Erscheinungsformen der

El-Religion. Für die Patriarchen und ihre Familien war der Gott El so etwas wie ein „persönlicher Gott".

Der Auszug aus Ägypten

Bibel: Ex 1–15

Nach der Darstellung der Bibel wurde einer der zwölf Söhne Jakobs, Josef, von Midianitern oder Ismaelitern nach Ägypten verschleppt. Anläßlich einer großen Hungersnot zogen auch seine Brüder an den Nil. Ihre Nachkommen gerieten in den Frondienst des Pharaos, brachen unter Führung des Mose aus, wurden am Schilfmeer vor den Ägyptern gerettet und gelangten nach mühseliger Wanderung durch die Wüste in das verheißene Land Kanaan.

Die Josefsgeschichte (Gen 37; 39–50) ist das erzählerische Bindeglied zwischen den Vätererzählungen und dem Exoduskomplex. Es kann aber kein Zweifel bestehen, daß sie ihre Ausprägung frühestens am salomonischen Hof erhalten hat, in einer ersten Blüte höfischer Weisheit. Sie setzt voraus, daß der Jahwe-Glaube längst gesamtisraelitische Bedeutung gewonnen hatte und schon die Vorstellung dominierte, ganz Israel sei in Ägypten gewesen. Das Bekenntnis zu „Jahwe, dem Gott, der uns aus Ägypten herausgeführt hat", war bereits zum „Urbekenntnis Israels" *(Noth)* geworden. So wissen wir auch nicht, ob die Josefsgeschichte einen historischen Kern hat.

Im ganzen Ägypten-Komplex festen historischen Boden zu gewinnen, ist schwierig. So flüssig die biblische Erzählung auch läuft, liefert sie dem Historiker doch nur wenig Brauchbares. Am wichtigsten ist noch der Hinweis in Ex 1,11, wo man erfährt, daß die Israeliten unter der Aufsicht von „Fronbeamten" für den Pharao „Vorratsstädte" bauen mußten, nämlich Pitom und Ramses im „Land Gosen", die man in dem fruchtbaren Gebiet des *Wādi eṭ-ṭumēlāṭ*, also im Ostdelta des Nils, vermutet. Tatsächlich haben die Herrscher der 19. Dynastie, vor allem Ramses II. (1290–1224), hier eine sich über zehn Quadratkilometer erstreckende Residenzstadt Pi-Ramesse (heute bei Kantir) errichtet. Bei den Vorratsstädten wird es sich um die notwendigen Verwaltungs- und Magazinstädte gehandelt haben. Daß dabei auch eingewanderte Semiten und Kriegsgefangene zu Arbeitsleistungen herangezogen wurden, ist durchaus wahrscheinlich.

Möglicherweise haben sich einzelne Gruppen dieser Arbeit durch Flucht entzogen. Daß die Ostdeltagrenze trotz aller Befestigung mit Mauern und Türmen Hirten und Halbnomaden Durchlaß gewährt wurde, läßt sich dem Brief eines Grenzbeamten aus der Zeit Sethos' II. entnehmen, den man um 1192 v. Chr. datiert. Dort heißt es: „Eine andere Mitteilung für meinen Herrn: Wir sind damit fertig geworden, die Schasu-Stämme von Edom durch die Festung des Merneptah in Tkw passieren zu lassen, bis zu den Teichen von Pitom des Merneptah in Tkw, um sie und ihr Vieh durch den guten Willen des Pharao, der guten Sonne eines jeden Landes, am Leben zu erhalten ..." Für einen solchen Weidewechsel könnte es klimatische Gründe gegeben haben, vielleicht eine Dürreperiode mit anschließender Hungersnot, wie es die Genesis häufig erwähnt (Gen 12,10; 26,1; 41,55 – 42,3; 43,1 f.).

Es gab jedenfalls im Osten Ägyptens durchaus einen Grenzverkehr mit den „elenden Asiaten" (so schon eine Formulierung aus der „Lehre für König Merikare", 2000 v. Chr.). Die hinter Ex 1 stehenden Ereignisse dürften in die 1. Hälfte des 13. Jahrhunderts gehören. Dann würden sich hier die Anfänge der Geschichte Israels, wie sie die Exodus-Tradition darstellt, verzahnen mit der Geschichte des Neuen Reiches in Ägypten.

In der vorpriesterlichen Auszugserzählung (Ex 1–3.5.7.9) findet sich – ebenso wie in der Josephsgeschichte (Gen 39–50) – der Ausdruck „Hebräer" für die in Ägypten weilenden Israeliten. In ägyptischen Texten des 15.–12. Jahrhunderts v. Chr. werden „Bedränger" bestimmter Asiaten genannt. Diese „Aperu" werden gern mit den in akkadischen Texten des 2. Jahrhunderts v. Chr. erwähnten „Habiru" in Verbindung gebracht. Es handelt sich dort in Syrien offensichtlich um Gruppen außerhalb der

Kontrolle der Stadtstaaten, am Rande der Gesellschaft, in untergeordneter sozialer Stellung, die oft auch eine Bedrohung darstellen. „Die Habiru plündern alle Länder des Königs", klagt ein Text aus El Amarna (286,56). Trotz bestimmter Gemeinsamkeiten von „Hebräern", „Aperu" und „Habiru" lassen die biblischen und außerbiblischen Textbelege jedoch keine weiteren Schlüsse auf ihre ethnische oder nationale Identität zu.

Welche Gruppen von „Israeliten" nun tatsächlich in Ägypten waren, wie groß sie waren und wie lange sie sich in dem Land am Nil aufhielten, darüber läßt sich den biblischen Texten nichts Sicheres entnehmen. Die am Ende den Befreiungsversuch wagten, waren sicher nur eine kleine Schar. Die Angaben des Alten Testaments zur Dauer des „Aufenthalts" in Ägypten sind historisch wertlos und zudem selbst höchst widersprüchlich (1 Kön 6,1: 480 Jahre; Ex 12,40: 430 Jahre; Gen 15,13: 400 Jahre; Gen 15,16: drei bis vier Generationen). Hier wird bereits die genealogische Konstruktion der Geschichte vorausgesetzt. Auch mit Hilfe der oben erwähnten Israel-Stele ist eine genauere Datierung nicht möglich. Als „Pharao des Auszugs" kommen sowohl Ramses II. als auch sein Sohn Merneptah oder auch erst Sethos II. in Frage. Ex 12, 38 spricht von allerlei zugelaufenem Volk, das zusammen mit den Israeliten auszog.

Der „Auszug" selbst hat in Ex und an anderen Stellen der Bibel eine breite Ausmalung erfahren und ist mit allerlei Zeichen und Wundern ausgeschmückt worden. Die Verhandlungen von Mose und Aaron mit dem Pharao wurden durch eine Kette von ausbrechenden Plagen unterstützt, mit denen die Einführung des Pascha-Ritus ätiologisch in Zusammenhang gebracht wird (Ex 12): Ein einst nomadischer Ritus beim gefahrvollen Weidewechsel wird mit der dankbaren Erinnerung an den Auszug aus Ägypten verbunden.

Überlieferungsgeschichtlicher Höhepunkt des Exodus ist die Vernichtung der den Flüchtenden nachsetzenden Ägypter am „Schilfmeer". Ebensowenig wie sich der Auszugsweg rekonstruieren läßt, läßt sich auch die Lage dieses „Schilfmeers“ näher bestimmen. Wo es genannt wird, sind die biblischen Angaben allzu widersprüchlich:

Offenbar hatten die Autoren der biblischen Exodusberichte selbst keine genaue Kenntnis der Ortsgegebenheiten mehr. Nur die späteste Überlieferungsschicht, die Priesterschrift, bietet eine eindeutige Lokalisierung: am Mittelmeer, und zwar ganz im Norden der Sinaihalbinsel, an der Lagune des Sirbonischen Sees, auf der schmalen Landzunge bei „Baal Zefon“ (Ex 14,2). Die älteren Überlieferungen (J, E, jehowistisches Geschichtswerk) könnten eher an eine Stelle bei den sumpfartigen Ballah-Seen (ca. 30 km östlich der Ramses-Stadt) oder an die weiter südlich gelegenen Bitter-Seen gedacht haben. Den frühchristlichen Pilgern des 4. Jahrhunderts n. Chr. wird der Schauplatz am Nordende des Golfs von Suez gezeigt. Die Lokalisierung am 300 km entfernten Golf von Akaba schließlich beruht auf 1 Kön 9, 26. Archäologisch oder naturwissenschaftlich ist keiner der Ansätze gesichert. Hingegen ist die Vorstellung von einem „Umweg“ der Ausziehenden (Ex 13,17f) durch die Entdeckung zahlreicher ägyptischer Festungen entlang des „Horusweges“ sehr plausibel geworden. Neuerdings wird die bedeutendste dieser Grenzfestungen „Sile“ in Tell Hebua ausgegraben.

Das kurze Mirjam-Lied gehört zu den ältesten Überlieferungen der Bibel: „Singt dem Herrn ein Lied, ja, er ist hoch und erhaben! Rosse und Wagen warf er ins Meer“ (Ex 15, 21). Israel hat den Sieg über die Ägypter Jahwe zugeschrieben. Sowenig wir das auch im einzelnen rekonstruieren können, diese ursprüngliche Erfahrung stand am Beginn.

Der Entschluß zur Flucht und die Deutung dieser Flucht als Befreiung ist von Anfang an mit dem Gottesnamen Jahwe verbunden, ja die ganze Exodusgeschichte kann man geradezu als erzählerische Definition dieses Namens lesen. In Ex 3,14 wird er Mose geoffenbart und zugleich mit dem Vätergott identifiziert. Woher kommt dieser Name? Die in der alttestamentlichen Tradition bezeugten verwandtschaftlichen Beziehungen des Mose bzw. der Exodus-Leute zu halbnomadischen Gruppen auf der Sinaihalbinsel haben immer wieder die Vermutung nahegelegt, Mose habe dort auch die Jahweverehrung kennengelernt. Besonders bedeutsam ist in diesem Zusammenhang, daß ein Text aus der Zeit Ramses'II. gemeinsam mit „Schasu jhw'" auch ein „Land der Schasu s'rr" genannt wird. Dabei ist in dieser Bezeichnung das Element jhw' als Name eines Berges in der Gegend von Seir oder sogar als Name eines Gottes zu verstehen, nachdem dann später auch der Berg, der als sein Wohnsitz galt, benannt wurde. In diesem Fall wäre der Jahwe-Name schon vor dem Exodus bei mit den Exodus-Leuten verwandten Halbnomaden auf der Sinaihalbinsel belegt, und zwar als Name eines Berggottes.

Zum ersten Mal nennt höchstwahrscheinlich eine Fremdvölkerliste am Amun-Tempel in Soleb (Sudan) aus der Zeit Pharao Amenophis' III. (1402–1364) den Jahwe-Namen. Dort ist vom „Land der Beduinen" (= Schasu) von (?) „ja-h-wa" die Rede. Der biblische Gottesname hat also sicher vorisraelitische Ursprünge, was immer er auch im einzelnen bedeuten mag. Die Deutung des Namens in der Mose-Offenbarung in Ex 3,14 wird am besten mit „Er ist, er erweist sich" oder mit „Ich bin für euch da" wiedergegeben. Zu dieser biblischen Interpretation des Gottesnamens gibt es zwei ägyptische Parallelen: einmal in der schon genannten Lehre für König Merikare, wo es im Blick auf die Macht und Entschiedenheit, mit der der König regieren soll, heißt: „So wahr ich lebe, ich bin, indem ich bin." Dann wird im „Mythos von der Himmelskuh" (14. Jahrhundert v. Chr.) als Wort des Sonnengottes überliefert: „Ich bin, der ich bin; und ich werde nicht zulassen ..." Vom Kontext her könnte man das deuten als: „Ich bin, als der ich mich erwiesen habe."

Mit all diesen Ereignissen ist die überragende Gestalt des *Mose* verbunden. Er trägt einen ägyptischen Namen und kann doch zugleich als Begründer der Religion Israels angesehen werden. Die Tradition schreibt ihm verschiedenste Funktionen zu, angefangen vom Reformator, Volksgründer, Ordensgründer, Charismatiker und Zauberer bis hin zum Gesetzgeber, Priester und Propheten. Diese Vielseitigkeit hat freilich schon früh Zweifel an der Historizität des über ihn Berichteten aufgeworfen.

Tatsächlich ist historisch kaum etwas greifbar. Schon die Geburtsgeschichte des Mose in Ex 2, 1–10 ist eine Wanderlegende, wie sie auch vom König Sargon I. von Akkad, vom Perserkönig Kyros II., von Zeus auf Kreta und von Romulus und Remus erzählt wird. Immerhin ist auffällig, daß Mose trotz seines (unvollständigen) ägyptischen Namens, der soviel wie „Kind des Gottes NN." bedeutet (wobei der Gottesname selbst fehlt), ein Semit gewesen ist. Auch seine Berufungserzählung, die mit der Offenbarung des Gottesnamens in Verbindung gebracht wird (Ex 3), ist nicht ohne weiteres auswechselbar. In jedem Fall erscheint Mose als der große Mittler zwischen den Ägyptern und den Semiten, zwischen dem Kulturland und der Wüste, zwischen dem sich offenbarenden Jahwe und den Israeliten. Durch Heirat war er obendrein auch dem Kulturkreis der Midianiter verbunden. Diese seine Mittlerstellung macht so ein Geschehen wie den Exodus überhaupt erst denkbar und möglich. Trotz aller Fragwürdigkeiten fügt sich der Exodus doch gut in die historische Situation am Ostdeltarand zur Zeit Ramses' II. ein.

Der Gottesberg in der Wüste und der Bund

Bibel: Ex 16-24; Num

Vom Schilfmeer aus zogen die Israeliten zu dem Gottesberg in der Wüste, den die Pentateuchquellen J und P Sinai, E und D Horeb nennen. Die zahlreichen Ortsangaben in den Texten sind jedoch nur teilweise verifizierbar; der Weg überhaupt nicht, auch wenn Num 33, 11–15 (P) ein Stationenverzeichnis überliefert, das vielleicht einmal Teil eines alten Wallfahrtsitinerars war. Seit dem 4. Jahrhundert n. Chr. lokalisiert man allgemein diesen Gottesberg im Süden der Sinai-Halbinsel. Einige vermuten in ihm einen Vulkan in Nordwestarabien.

Das Überlieferungsthema vom Gottesberg in der Wüste war ursprünglich selbständig und wurde erst später in den Bericht von Wüstenzug und Landnahme eingefügt. Noch später kamen dann die Themen Bund und Gesetzgebung hinzu. In der jetzigen Fassung des Exodus-Berichtes geht es 1. um die Einsetzung von Richtern (Ex 18), 2. um die Vorbereitung des Volkes (Ex 19,1–15), 3. um die Theophanie Jahwes (Ex 19,16 20, 21) mit dem Dekalog (Ex 20,1–17) und 4. um den Bundesschluß (Ex 24 und als Anhang Ex 32–34). Später wurde hier noch das Bundesbuch (Ex 20, 20–23, 33) eingefügt. Diese Komposition soll daran erinnern, daß an diesem Gottesberg die endgültige Bindung des Volkes an Jahwe geschah.

Religionsgeschichtlich dürfte das südliche Ostjordanland die Heimat des Gottes Jahwe gewesen sein (vgl. den vorigen Abschnitt). Der „Gott vom Sinai“ hat die theologischen Vorstellungen der Exodus-Gruppe geprägt, und diese hat das große Thema der Befreiung mit anderen Erfahrungen mit dem Gott Jahwe, wie „Rettung aus Todesnot“ und „Schutz“, verbunden. Hinter der Sinaitradition muß deshalb kein einmaliges, empirisch greifbares Ereignis stehen. Historisch gab es in späterer Zeit Wallfahrten, aber damals sicher keine Sinaitheophanie vor ganz Israel und auch keine Übergabe von Gesetzestafeln an Mose auf einem Berg Sinai. Diese Sinaitradition hat übrigens auch keine Aufnahme in das aus deuteronomistischer Zeit stammende „Kleine geschichtliche Credo“ in Dtn 26,5–10 gefunden.

Die nun folgende 40jährige Wüstenwanderung ist trotz detaillierter Ortsangaben einem literarischen Prozeß zu verdanken, der vielfältige Traditionen aus der Wüstenexistenz früherer Gruppen miteinander zu verbinden suchte. Dabei ist ein Großteil dieser Erzählungen in der Oase *Kadesch* (biblisch „Kadesch Barnea“) lokalisiert (Ex 17,1-7; Num 20,1–13; 27,14; 33,36; vgl. Dtn 32,51; 33,8; Ez 47,19; 48,28; Ps 95,8), so daß sich ein eigener Block von Kadesch-Überlieferungen herausschält. Doch dürfte diese Lokalisierung wenigstens teilweise sekundär sein, und die These, Kadesch sei gewissermaßen ein Sammelbecken für das spätere Israel gewesen, hält kritischer Prüfung nicht stand. In den Kadesch-Überlieferungen steht der Gedanke im Vordergrund, daß sich schon in der Zeit der Wüstenwanderung feste Formen und Institutionen herausgebildet haben. Um ihnen Gewicht und Würde zu verleihen und sie sakrosankt zu machen, hat Israel die Stiftung solcher Institutionen ätiologisch in die Ursprungszeit seiner Jahweverehrung zurückprojiziert. Einzelne Gruppen, die später in Israel aufgingen, werden manche solcher ursprünglich isolierten Wüstentraditionen mitgebracht haben.

Die dem Wüstenzug folgenden Erzählungen leiten zum Thema Landnahme über und sind durch außerbiblische Quellen kaum verifizierbar: Die Edomiter verweigern dem Volk die Durchzugserlaubnis und zwingen es, Edom östlich zu umgehen (Num 20,14–21). Der Marsch durch Moab erfolgt ohne Schwierigkeiten (Num 21,13–20). Dann trifft „Israel“ auf den Amoriterkönig Sihon von Heschbon; bei Jahaz kommt es zur Schlacht (Num 21,21–32; Jos 12,2f.). Ähnlich wird die Begegnung Israels mit dem König Og von Baschan geschildert (Num 21,33–35; Jos 12,4f.). Edom und Moab sind offenbar früher als Israel zur Staatlichkeit gelangt.

Die Landnahme

Bibel: Jos; Dtn 1–3

Der Landnahmebericht in Dtn 1-3 und Jos 1-12 vermittelt den Eindruck, ganz Israel habe in einer großartigen militärischen Operation Palästina erobert. Einzelheiten dieses Berichts finden freilich kaum archäologische Bestätigung. Jericho zum Beispiel ist in der Spätbronzezeit nicht zerstört worden, und Ai war zur Zeit der „Landnahme“ längst ein Trümmerhaufen und nicht mehr besiedelt. Darin liegt schon ein deutlicher Hinweis, daß sich die „Landnahme“ anders vollzogen haben muß, als es der Bericht in Josua nahelegt. Der Überblick über die Theorien zur Entstehung Israels hat gezeigt, daß der Stämmebund Israel durch einen sozialen Wandel in Palästina entstanden ist. Deshalb ist dieser biblische Landnahmebericht historisch unbrauchbar, und was das Josuabuch aus dieser Zeit aufbewahrt hat, sind größtenteils nichts anderes als ätiologische Sagen aus späterer Zeit. Zur Stärkung des nationalen Bewußtseins unter der Assyrer- und der Babylonierherrschaft sind sie von deuteronomistischen

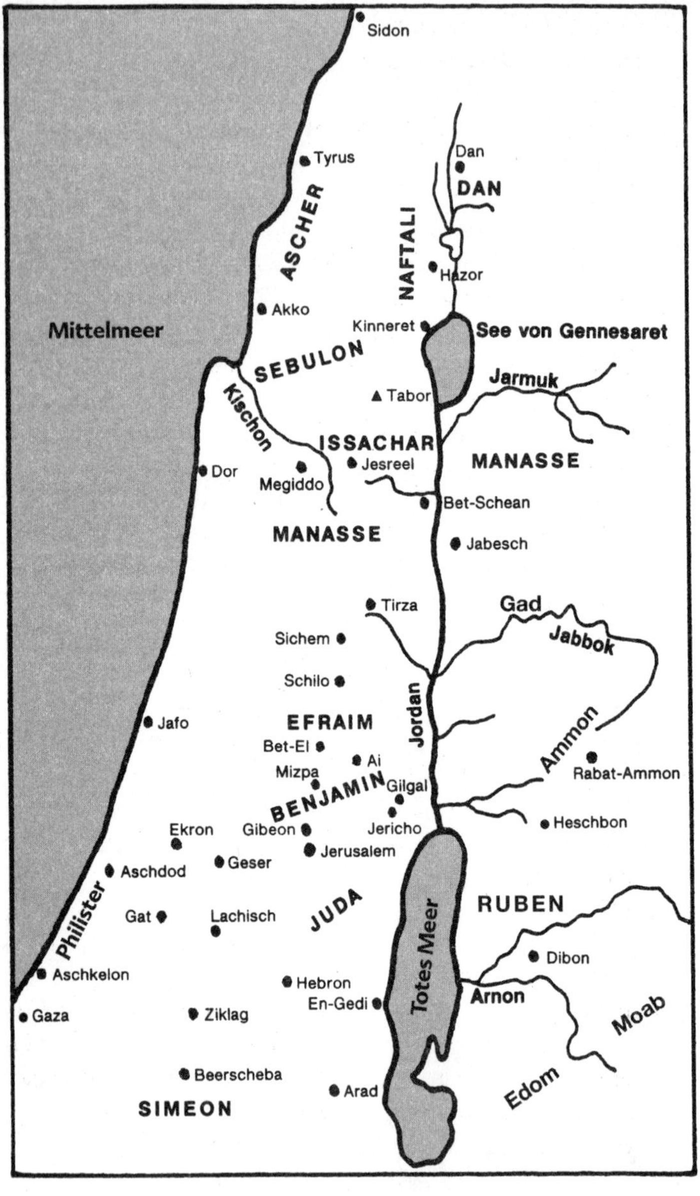

Die Besiedlung Palästinas

Autoren zusammengefügt und zu einer triumphalen Geschichte umgestaltet worden.

Eng mit der Landnahmetradition verknüpft ist die Gestalt des Efraimiten und Mose-Nachfolgers *Josua*, die allerdings ähnlich wie die des Mose von der späteren Tradition so überfrachtet wurde, daß auch sie historisch kaum noch greifbar ist. Die Schlacht bei Gibeon (Jos 10,1–15) zeigt ihn als einen charismatischen Retter nach Art der großen Richter. Vermutlich wurden ihm dann später alle Errettungen und Eroberungen in der Zeit der „Landnahme" zugeschrieben.

Auf die tatsächlichen Besitzverhältnisse im Palästina der damaligen Zeit weisen einzelne Notizen in Ri 1,19.20.27–36 hin. Nach Art eines „negativen Besitzverzeichnisses" *(Alt)* erinnern sie daran, daß den einzelnen Stämmen doch enge Grenzen gezogen waren und ihnen, anders als den Philistern, die besseren Landesteile in der Küstenebene verschlossen blieben. Sie mußten sich eher in den bewaldeten Gebirgszonen ansiedeln. Aus teilweise recht späten Texten wie Num 32–35 und Jos 13; 14–19, verbunden mit den alten charakterisierenden Sprüchen des Jakobsegens (Gen 49), des Mosesegens (Dtn 33) und im Deboralied (Ri 5,14–18), läßt sich eine Art Geographie der zwölf Stämme gewinnen, wobei man sich allerdings stets vor Augen halten muß, daß diese Stämme auch selbst erst Ergebnis und Produkt des sogenannten Landnahmevorgangs sind. Für die Siedlungsgeschichte des frühen Israel lassen sich aus diesen Texten folgende Annahmen gewinnen:

a) Simeon und Levi

Beide Stämme versuchten schon sehr früh auf dem Gebirge in der Gegend von Sichem Fuß zu fassen, sind jedoch bald in anderen Bevölkerungsgruppen (vor allem in Juda) aufgegangen. Angehörige des Stammes Levi übernahmen dann als „Leviten" priesterliche Funktionen (Jos 13,33).

b) Juda

Das Siedlungsgebiet des wichtigsten Südstammes lag auf dem südlichen Teil des zentralpalästinensischen Gebirges Juda, zwischen Jerusalem und Hebron, mit Betlehem als Zentrum. Aus dieser Stadt sollte David kommen. Im Süden grenzten an Juda die Kalebiter, die Otnieliter, die Keniter und die Jerachmeeliter. Nach zunächst nur freundschaftlich-gleichgestellten Beziehungen gewann Juda eine Art Vormachtstellung.

c) Benjamin

Neben Dan hatte Benjamin das kleinste Stammesgebiet: von der Wasserscheide des Gebirges von Efraim an bis nach Bet-El und Jericho. Hier kreuzten sich bedeutende Verkehrswege, so daß der kleine Stamm, der mit den nördlich angrenzenden Stämmen zum „Haus Josef" zählte, eine wichtige Rolle in der Geschichte Israels spielen konnte und unter anderem auch den ersten König, Saul, stellte.

d) Dan

Das Gebiet des Stammes Dan mit seinem sagenhaften Vertreter Simson (Ri 13–16) lag zunächst westlich von Benjamin. Auf philistäischen Druck hin mußte der Stamm dieses Gebiet räumen und zog sich in die Gegend von Lajisch in der oberen Jordansenke, dem späteren Dan, zurück.

e) Josef

Der neben dem „Haus Juda" bedeutendste Stammesverband, hauptsächlich aus den Teilen *Efraim* und *Manasse* bestehend, siedelte auf dem Nordteil des zentralpalästinensischen Gebirges zwischen Bet-El und der Ebene von Megiddo. Die Genealogie in Gen 41; 50–52 betrachtet Manasse und Efraim als Söhne des Josef. Die Überlieferung schrieb Manasse eine besondere Nähe zu den Kanaanäern zu und kannte außerdem noch den Namen eines weiteren Stammes *Machir,* der sich im Ostjordanland festsetzte.

f) Issachar und Sebulon
Issachar wohnte im östlichen Teil des untergaliläischen Berglandes, Sebulon im westlichen Teil. Die Grenze bildete der Berg Tabor, der auch als gemeinsame Kultstätte diente. Issachar, ein „knochiger Esel" (Gen 49,14 = „Lohnarbeiter"), stand in Abhängigkeit von Kanaanäerstädten und verschwand bald aus der Geschichte.

g) Ascher
Wenn es diesen Stamm überhaupt je gegeben hat (es gibt berechtigte Zweifel), müßte man sein Stammesgebiet nördlich von Sebulon im westlichen Obergaliläa suchen.

h) Naftali
Das Gebiet dieses Stammes reichte vom östlichen Obergaliläa bis an den See Gennesaret. Insgesamt lag der galiläische Norden ziemlich abseits von den großen Zentren der israelitischen Geschichte.

i) Gad
Gad wohnte auf dem Westabfall des ostjordanischen Tafelgebirges zwischen dem Jabbok-Fluß und dem Nordende des Toten Meeres.

i) Ruben
Vermutlich haben die Rubeniten zunächst versucht, im Westjordanland Fuß zu fassen. Später wird das Gebiet nördlich des Wadi Zerka Majin angegeben mit Heschbon als Zentrum. Gen 49,3 begründet, warum der Stamm Ruben trotz seines Verfalls stets an erster Stelle des Zwölfstämmesystems genannt wird: Ruben galt als der Erstgeborene Jakobs.

Zwischen dieses Siedlungsgebiet der Israeliten schoben sich zwei kanaanäische „Querriegel", die das Gebiet Israels gewissermaßen in drei Teile zerschnitten: Der eine lag im Norden und bildete eine Linie von Dor an der Mittelmeerküste über die Jesreelebene bis nach Bet-Schean am Jordan, der andere im Süden auf der Linie Jerusalem, Ajalon und Geser. Jerusalem selbst konnte nicht eingenommen werden und blieb von den Jebusitern bewohnt.

Die Richter

Bibel: Ri

Das Richterbuch schildert die Zustände in Israel zwischen der „Landnahme" und der Staatenbildung. Wie das Buch Josua ist es in deuteronomistischer Zeit stark bearbeitet und nach geschichtstheologischen Gesichtspunkten zusammengestellt worden. Dabei ergibt sich folgendes Handlungsschema: Auf Zeiten des Abfalls des Volkes von Jahwe und seiner Hinwendung zu Baal und Fruchtbarkeitskulten folgt jeweils eine Zeit der Strafe. Jahwe schickt ein Fremdvolk, das Israel bedrückt. Das sind Völker wie die Ammoniter, die Moabiter, die Philister, die Kanaaniter und die Midianiter. In dieser Not „schreit" Israel zu Gott, der wiederum einen Retter („Richter") sendet. Eine neue Friedenszeit bricht an (vgl. vor allem Ri 2,11–16.18–19 und 3,7–11).

Man rechnet im Richterbuch mit insgesamt drei Bearbeitungsschichten. Grundlage war vermutlich ein nordisraelitisches Retterbuch aus der 2. Hälfte des 9. Jahrhunderts, das ursprünglich eine Reihe von alten Heldensagen enthalten haben wird. Auch wenn sich der geschichtliche Quellenwert des Richterbuches im einzelnen nur schwer erschließen läßt, ist es doch möglich, aus den verschiedenen Angaben ein Bild von der Gesellschaft des „vorstaatlichen" Israel zu rekonstruieren.

Die Bezeichnung „Richter" *(šōfeṭīm)* ist freilich mißverständlich. Ihre Funktion hat weniger mit Rechtsprechung zu tun oder herrscherlicher Machtausübung. Sie waren zunächst „charismatische Führer" *(M. Weber)* mit einem lokal und auch zeitlich begrenzten Wirkungskreis. Der eigentliche Held der Sage war Jahwe; er nahm sie als Werkzeuge in seinen Dienst und beauftragte sie mit einer bestimmten Rettungstat. Danach erlosch ihr Charisma wieder, und sie traten ins Glied zurück.

Von den „großen“ Richtern sind die sechs „kleinen“ zu unterscheiden (Ri 10,1–5; 12,7–12). Von ihnen ist nicht viel mehr als die Tatsache einer festen Amtszeit überliefert. Sie hatten wohl eher eine Schlichterfunktion, vielleicht aber auch eine rechtsprechende Tätigkeit, wie sie von Samuel in 1 Sam 7,16 beschrieben wird.

Weil sich historisch kaum etwas Näheres sagen läßt, sollen die großen Richter hier nur aufgezählt werden: Otniel (Ri 3,7–11), Ehud (Ri 3,12–30), Schamgar (Ri 3,11), Barak und Debora (Ri 4–5), Gideon (Ri 6–8), Jiftach (Ri 10,6–12,6) und Simson (Ri 13–16).

Auch Samuel (1 Sam 7) und Saul (1 Sam 10) werden später noch als „große Richter“ geschildert. Doch angesichts der wachsenden Bedrohung durch die Philister erwies sich eine solche charismatisch geprägte Institution wie die der Richter als zu schwach. Hier mußte der Widerstand besser und schlagkräftiger organisiert werden. Der Ruf nach einer dauerhaften Zentralinstanz wurde stärker, der Weg zum Königtum zeichnete sich ab. Doch der erste Versuch des Abimelech, sich von den Einwohnern von Sichem zum König machen zu lassen (Ri 9), schlug fehl und scheiterte kläglich. Gerettet wurde Israel schließlich vor den Philistern, indem es unter den Königen Saul und David zu einem Staat wurde.

4. Die Entwicklung der Jahweverehrung und religiöse Institutionen der Frühzeit

Als die künftigen Israeliten den Auszug aus den kanaanäischen Städten wagten, ließen sie auch die alten Götter zurück. Die Jahweverehrung, zu der sie dann fanden, überformte die alte Baal- und El-Religion und beherrschte am Ende alle ihre religiösen Ausdrucksformen. Diese Entwicklung soll im folgenden nachgezeichnet werden.

Kanaanäische Mythen, die man bei Ausgrabungen in Ugarit gefunden hat, nennen als die wichtigsten Gottheiten im syrisch-palästinensischen Raum El und Baal. Der aufgefundene Baal-Zyklus enthält eine großartige mythische Schilderung der verschiedenen Gefährdungen und der Auferstehung des Baal. In seinem Tod und seinem Wiederaufleben spiegelt sich das Aufblühen und Verwelken der Natur. Der Schöpfergott El hingegen war das königliche Haupt der Götterfamilie, dem Typ nach eine Vatergottheit, deren Herrschaft man sich eher statisch, ewig und bleibend vorstellte. Der „menschlichere" und vitalere Gott war Baal, der Sturm- und Gewittergott, der Spender des Regens und der Fruchtbarkeit bei Mensch und Vieh. Er beherrschte vor allem in den kanaanäischen Städten den Kult, während man auf dem Land an den alten Landheiligtümern den obersten Gott El unter verschiedenen Namen wie El Olam und El Bet-El verehrte. In der südlichen Wüste gab es dann schließlich noch einen weiteren, El-ähnlichen, aber zugleich höchst vitalen und kämpferischen Gott mit dem Namen „Jahwe".

Als in der ersten Phase der Entstehung Israels die Bevölkerung die städtische Kultur verließ und auf segmentärer Grundlage ein Stämmesystem entstand, verlagerte sich auch ihr religiöser Schwerpunkt von der städtischen Baalsverehrung hin zu den revitalisierten Landheiligtümern, die den verschiedenen Erscheinungsformen der El-Gottheit geweiht waren. Je mehr die einzelnen Bevölkerungsgruppen zusammenrückten und in Genealogien Verwandtschaftsverhältnisse konstruierten, desto häufiger war dann auch vom „Gott unseres Vaters NN." die Rede, einem persönlichen Gott also, der immer mit El gleichgesetzt wurde. El wurde zum neuen Sippengott, und der Name des neuen Stämmeverbandes lautete schließlich „Israel" – was man als „El kämpft", „El herrscht" gedeutet hat.

In einer späteren Phase stieß zu diesem Stämmeverband die Exodusgruppe hinzu und brachte die Kunde von ihrem

Gott Jahwe mit. Da die bisherigen Gruppen eine ähnliche Exodus-Erfahrung hinter sich hatten, nämlich den Auszug aus den feudalistischen kanaanäischen Städten, identifizierte man nun diesen Gott Jahwe mit El. Mit der Übernahme der Erzählungen der Exodus-Gruppe setzte sich das Gottesbild der Jahwe-Verehrer allgemein durch. Außerdem stellte der neue Gott Jahwe „Exklusivansprüche" und duldete keinen anderen Gott neben sich. So brachte er in das bisher von El geprägte Gottesbild nun auch kämpferische Züge hinein, wie sie eigentlich in die Baal-Vorstellung Kanaans gehörten. Wenn es jetzt um das „Wir-Gefühl" der Stämme ging und um den gemeinsamen Kampf für die Freiheit, berief man sich auf den Gott Jahwe, der ja schon beim Auszug aus Ägypten sein Volk auf wunderbare Weise aus der Knechtschaft befreit hatte. Die besonderen Träger des Jahweglaubens waren die Leviten, doch auch die Keniter scheinen dabei eine wichtige Rolle gespielt zu haben.

Ein bedeutsames Zeugnis dieser frühen Jahwevorstellung findet sich in Ex 34,10–26, dem sogenannten *„Privilegrecht Jahwes"*, das im Laufe der Geschichte Israels immer wieder aufgegriffen wurde (etwa im Bundesbuch Ex 20–23, in Ri 2, Dtn 7 und Jos 23). Die ältesten Teile dieses Privilegrechts sind vermutlich vor den Wallfahrern in Gilgal feierlich proklamiert worden. Wir finden hier eine frühe Form des Bundesgedankens, der dann in der joschijanischen Reform eine große Rolle spielen sollte. Der Text beginnt mit der Zusage Jahwes, die im Land wohnenden Völker zu vertreiben, und der Warnung an Israel, sich mit ihnen in irgendeiner Weise einzulassen. Jahwe, der „eifersüchtige" Gott, erläßt ein Bündnisverbot (vgl. Ex 34,11b–15a).

Freilich scheint es sich bei dieser „Völkerliste" weniger um ganze Völker gehandelt zu haben als um die Herrschaftseliten der kanaanäischen Stadtstaaten. Unter „Israel" wäre in diesem Text dann eine Gruppe zu verstehen, die gegen die in ihrem Gebiet die Herrschaft ausübenden Eliten antritt und auf ihre Vertreibung hofft. Diese ist noch im Gang. Die

Stadt der Jebusiter zum Beispiel war Jerusalem, das erst von David erobert worden ist. Die Bauerngesellschaft „Israel" steht also gegen die von bestimmten ethnisch definierten Herrschaftsschichten geleiteten Kleinstaaten und ist dabei durchaus expansiv und aggressiv. Denn die gesellschaftlichen Systeme sind unvereinbar; es gibt zwischen ihnen keine vertraglich vereinbarten Formen des Zusammenlebens. Für diese abgelehnte Gestalt der Gesellschaft stehen auch andere Götter.

Diese anderen Götter haben dort, wo die Stämmegesellschaft Israel Fuß faßt, kein Recht auf Kult mehr. Der Unvereinbarkeit der beiden gesellschaftlichen Möglichkeiten entspricht der ins Bild der „Eifersucht" gebrachte exklusive Verehrungsanspruch Jahwes in Israel. Gesellschaftlicher Wille und Jahweglaube hängen in diesem Text engstens zusammen.

Zielte der gesellschaftliche Wille in den bisher zitierten Versen des Privilegrechts in Ex 34 auf eine klare Abgrenzung nach außen, so wird ab Vers 18 der exklusive Dienst an Jahwe positiv entfaltet. Da heißt es: „Du sollst das Fest der Ungesäuerten Brote halten." Die Jahwegesellschaft soll ihr Zentrum in einem Fest haben, dem Mazzenfest, das auch Fest der ungesäuerten Brote genannt wird. Es wurde im Frühjahr gefeiert, kurz bevor die Erntearbeit begann. Im Mittelpunkt stand dabei die Erinnerung an die Flucht aus Ägypten, an einen Augenblick der Existenz, als es keine Heimat und kein Land gab, nur das Vertrauen auf Jahwe. Damals mußte man das Mazzenbrot essen, das schnellgebackene Brot der Menschen, die unterwegs sind (Ex 34,18). Zwar hatte nur eine Gruppe der Israeliten diesen Auszug aus dem Sklavenstaat Ägypten erlebt, aber ganz Israel hat dann diese Erfahrung übernommen. Denn sie deckte sich mit der Erfahrung all derer, die aus dem kanaanäischen Herrschaftssystem ausgewandert waren und nun im Lebensraum „Israel" eine neue Existenz führten. Das Mazzenfest sollte sie nicht vergessen lassen, daß diese Existenz und der Besitz des Landes nicht selbstverständlich waren, sondern Geschenk ihres Gottes Jahwe.

Eine Erweiterungsschicht des Textes, vermutlich schon aus der Richterzeit, nennt als Wallfahrtsfeste auch noch zwei *Erntefeste:* das Wochenfest („Pfingstfest“, sieben Wochen nach Beginn der Weizenernte) und das Fest der Lese an der Jahreswende (das Laubhüttenfest im Herbst).

Unter welchen Kultsymbolen Jahwe an den Heiligtümern verehrt wurde, ist für die vorstaatliche Zeit eine weithin offene Frage. In Schilo gab es die Bundeslade. Es scheint auch eine alte Tradition bildlosen Kults gegeben zu haben. Doch sollte man auch Kultbilder nicht ganz ausschließen: So wurde jüngst in einem offenbar israelitischen Heiligtum in der Samaria-Region auch eine bronzene Stierfigur gefunden. Man muß daraus nicht schließen, daß es sich um ein Baals-Heiligtum handelte, denn auch der Gott El wird in den kanaanäischen Texten aus Ugarit als „Stier“ gekennzeichnet, und die nach der Reichsteilung in Bet-El eingerichtete Verehrung des Exodus-Jahwe unter Stiergestalt mag durchaus auf älterem kultischem Brauchtum beruhen.

Als man die drei Jahresfeste als Wallfahrtsfeste feierte, pflegte auch der Prophet und Richter Samuel regelmäßig zu den Heiligtümern in Bet-El, Gilgal und Mizpa zu ziehen. Ein Zentralheiligtum der Stämme gab es also nicht. Vermutlich übte Samuel hier dann auch eine richterliche Funktion aus (1 Sam 7,16), wo es dann sicher nicht um die Fälle ging, die innerhalb der Sippen, Ortschaften oder auch Stämme geklärt werden konnten. Man wird vor ihn Auseinandersetzungen zwischen größeren Gruppen getragen haben oder zwischen Angehörigen verschiedener Gruppen, wo es aufgrund unterschiedlicher Traditionen auch verschiedene Rechtsauffassungen gab. Im Sinne einer Rechtsvereinheitlichung bildeten sich so an den Heiligtümern bestimmte Rechtstraditionen heraus – etwas ganz Wichtiges für den inneren Zusammenhalt der sonst recht locker gefügten Stämmegesellschaft.

Das alles kam an ein Ende, als unter David und Salomo ein

Staat geschaffen wurde, der nicht mehr nur Israeliten umfaßte, sondern auch die gesellschaftlichen Gruppen, gegen die Israel bisher gestanden hatte. Da war es dann der königliche Tempel in Jerusalem, der die Wallfahrer anzog, wo der Staatsgott Jahwe nicht nur von Israeliten verehrt wurde, sondern auch von den übrigen zum Reich gehörenden Einwohnern. Selbstverständlich verehrten diese dann in ihrem häuslichen Bereich auch noch ihre eigenen angestammten Götter. Im Staat Davids und Salomos gab es dann auch eine Beamtenschaft und ein Verwaltungssystem, wo anders und an anderem Ort Recht gesprochen wurde. Die Könige verbanden das alles trotzdem mit dem Namen Jahwes und fühlten sich dabei als Sprecher für Israel. Doch die Erinnerung an das alte, egalitäre und staatsfeindliche Israel blieb weiterhin lebendig.

2. Kapitel

Die staatliche Zeit Israels

1. Saul – der Charismatiker auf dem Thron

Saul vor 1004 v. Chr.*	*Prophet:* Samuel

Bibel: 1 Sam 9–31

Dem Versuch des Abimelech, aus Israel eine Monarchie zu machen, war die breite Zustimmung versagt geblieben (Ri 9). Erst Saul sollte der Durchbruch gelingen, auch wenn er zunächst nicht anders denn als Richter begonnen hatte, allerdings auf Lebenszeit. Jahwe erweckte in ihm eine Rettergestalt, die die mächtigen Philister vernichten sollte.

Die *Philister* zählten zu den Seevölkern des östlichen Mittelmeerraums. Nach ihrer Vertreibung aus Ägypten wurden sie von Pharao Ramses III. (1184–1153) an der Küstenebene in Aschdod, Aschkelon, Ekron, Gaza und Gat angesiedelt, wo sie eine Symbiose mit der bodenständigen Kultur eingingen. Nach ihnen heißt dieser Landstrich bis heute Philistäa – Palästina. Die Philister besaßen das Monopol für die neuar-

* *Zur Frage der Chronologie:* Die Königsbücher enthalten ein (deuteronomistisches) System relativer Chronologie, das nicht leicht in unsere heutige Zeitrechnung übersetzt werden kann. Der Hauptgrund ist – neben Ungenauigkeiten in der biblischen Zeitrechnung – die im Alten Orient übliche *Vordatierung* (z. B. in Ägypten), die die ersten Regierungsmonate, vom Neujahrsfest an gerechnet, bereits als volles Jahr mitzählt, oder die *Nachdatierung* (in Babylon gebräuchlich), die die jeweilige Regierungszeit erst mit dem dem Regierungsantritt folgenden Neujahrsfest beginnen läßt. In Israel ist man offenbar irgendwann in der Königszeit von der Vor- zur Nachdatierung übergegangen.

tige Eisenverarbeitung und waren mit ihren modernen Waffen für die einfacher organisierte Stämmegesellschaft Israel bedrohliche Gegner.

Nach einzelnen kriegerischen Auseinandersetzungen zwischen den Philistern und Israel kam diesmal der „Retter“ aus Benjamin, dem kleinsten Stamm Israels: Saul, der Sohn des Kisch. Nach der biblischen Darstellung traf ihn der Ruf Jahwes völlig unerwartet. Als er gerade dabei war, verlorene Eselinnen seines Vaters zu suchen, gab Jahwe dem Propheten Samuel den Auftrag, diesen unbekannten Mann zum Fürsten, zum *nāgīd,* zu salben (1 Sam 10,1), eine Salbung, die sich unter Ausschluß der Öffentlichkeit vollzog.

Die erste Schlacht Sauls galt aber nicht den Philistern im Westen, sondern den Ammonitern im Osten, die Jabesch angriffen. Als man Saul zu Hilfe rief, „kam der Geist Gottes über ihn“ (1 Sam 11,6). In einer drastischen symbolischen Handlung zerstückelte er einige Rinder, sandte die Teile allen Stämmen Israels zu und drohte: „Wer nicht hinter Saul und Samuel in den Kampf zieht, dessen Rindern soll es ebenso ergehen ...“

Als der Sieg über Ammon glänzend geschlagen war, erkannte der Heerbann, d.h. alle waffenfähigen Männer Israels, daß allein Saul auch imstande war, Israel von den Philistern zu befreien. In Gilgal rief man ihn öffentlich zum König aus (1 Sam 10,24). Die Designation durch einen Propheten und die Akklamation durch den Heerbann begründeten das Königtum in Israel. In Israel sollte niemand aus eigener Machtvollkommenheit König werden; Berufung und Amt gründeten sich allein auf Jahwe. Das schloß freilich auch ein, daß Jahwe ganze Dynastien erwählen konnte, wie z.B. das Haus David.

Seine Residenz errichtete Saul in Gibea im Stammesgebiet von Benjamin. Doch regierte er dort noch ohne jede staatliche Organisation, ohne Beamte und Behörden. Vielleicht umfaßte sein Herrschaftsgebiet auch nicht viel mehr als das spätere Nordreich. Immerhin war es ihm gelungen, wenigstens zeitweise den gesamten Heerbann Israels geschlossen hinter sich zu bringen. Doch die endgültige Vertreibung der Philister blieb David vorbehalten, den Saul schon als jungen Mann an seinen Königshof geholt hatte. David besaß dann später auch das, was Sauls Herrschaft noch fehlte und letztlich zum Scheitern brachte: eine jederzeit einsatzfähige persönliche Gefolgschaftstruppe.

Vor der entscheidenden Auseinandersetzung mit den Philistern kennzeichneten Saul Wankelmut und Melancholie. Das wird vor allem an seinem zwiespältigen Verhältnis zu David deutlich, den er mit dem Tode bedrohte und davonjagte. In seiner Angst fiel Saul schließlich in dieselben magischen Praktiken zurück, die er einst bekämpft hatte. Durch eine kanaanäische Totenbeschwörerin in Endor ließ er den Geist des Samuel heraufsteigen und mußte von ihm erfahren, daß Jahwe selbst ihm sein Königtum nehmen werde (1 Sam 28). In der darauffolgenden Philisterschlacht im Gilboagebirge fielen drei Söhne Sauls, darunter auch Jonatan, dessen Freundschaft zu David die Bibel in einzigartig schöner Weise preist (2 Sam 1,19–27). Da Saul als den „Gesalbten des Herrn“ niemand aus seiner Gefolgschaft umzubringen wagte, stürzte er sich selbst in sein Schwert. Die Philister fanden seinen Leichnam, hängten ihn an der Mauer von Bet-Schean auf und schickten sein Haupt als Siegestrophäe durch das Land.

Das Ende des ersten Königs in Israel war gräßlich. Sauls Versuch, aus einer freien Stämmegesellschaft einen Staat zu schaffen, war gescheitert. Man warf ihm vor, daß er die Rechte der Stämme nicht mehr geachtet, geheiligte Ordnungen zerstört, bedenkenlos in den Opferkult eingegriffen und für sein Königtum absolute Verfügungsgewalt in Anspruch genommen hätte. Sauls Charisma erwies sich als unbeständig; Jahwe hatte ihm seinen Geist gegeben und wieder genommen. Doch zugleich mit Sauls Abstieg begann der Aufstieg eines Mannes, der nun tatsächlich alle Möglichkei-

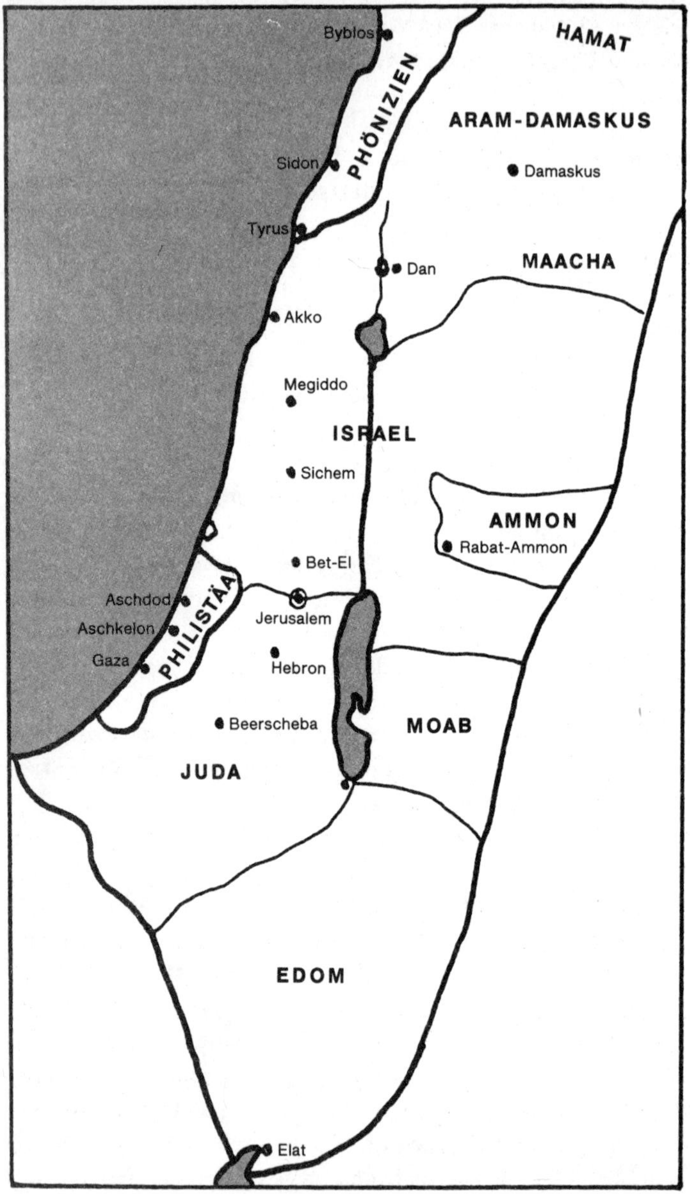

Das Großreich Davids

ten der Monarchie in genialer Weise entfalten und zur Vollendung bringen sollte: David, der Sohn des Isai aus Betlehem.

2. David – Kriegsmann und Großkönig

David 1004/3–965/4 (?)	*Propheten:* Samuel; Natan; Gad

Bibel: 1 Sam 16 bis 1 Kön 2

Der Aufstieg Sauls zum Königtum hatte sich noch im Rahmen der alten gesellschaftlichen Ordnungen Israels bewegt. Anders war das bei David. Als jüngster Sohn aus der Familie des Isai in Betlehem (Juda) wurde er an den Königshof des Saul in Gibea (Benjamin) gerufen, zunächst als Harfenspieler und Schwertträger, dann unter dem Einfluß seiner Freundschaft mit Sauls Sohn Jonatan als Führer einer Söldnertruppe. Schließlich heiratete David die Prinzessin Michal und wurde Sauls Schwiegersohn. „David hatte Erfolg auf allen seinen Wegen", resümiert die *Aufstiegsgeschichte* in 1 Sam 16 – 2 Sam 5, die in literarisch hochstehender Form den Aufstieg Davids zum legitimen Nachfolger Sauls erzählt.

Davids Erfolge erregten den Neid und das Mißtrauen Sauls, der in ihm immer mehr einen unliebsamen Rivalen sah. „Saul hat Tausend erschlagen, David aber Zehntausend", sang das Volk auf der Straße (1 Sam 21, 12). David floh vom Königshof und sammelte in der Wüste Juda eine eigene Söldnertruppe: „Leute, die unter Druck standen, Schulden hatten oder verbittert waren" (1 Sam 22, 2). So schuf er sich für seine künftigen Unternehmungen eine Basis und fand nebenbei auch wieder eine größere Nähe zu seinem Heimatstamm Juda. Zugleich aber verbündete er sich mit den Philistern, Israels Erzfeinden, trat in ein Vasallenverhältnis zu ihnen ein und wurde mit der Stadt Ziklag belehnt. Nachdem die

Schlacht im Gilboagebirge das Ende der Königsherrschaft Sauls gebracht hatte, wurde David vom „Haus Juda", d.h. dem Stamm Juda und angeschlossenen Gruppen, in Hebron zum König gesalbt. Von einer Berufung Davids zum Richter, zum Retter aus der Philisternot wie bei Saul, hört man dabei nichts. Schon der erste Nachfolger des Saul kam als Söldnerführer mit eigener Hausmacht, unter Duldung der Philister und unter Mithilfe der wahrscheinlich aus Sauls Herrschaft ausgeschlossenen Südstämme. Davids politische Größe und sein persönliches Format wurden in diesen Anfangsjahren offenbar auf allen Seiten unterschätzt.

Doch noch war David nur König von Juda. Auf Sauls Thron in Gibea saß dessen schwacher Sohn Ischbaal, ein Marionettenkönig des mächtigen Feldherrn Abner, der bald ermordet wurde. Nun blieb auch den Nordstämmen kein anderer zur Wahl als David. Um mit ihm einen Herrschaftsvertrag abzuschließen, kamen sie nach Hebron und machten ihn in Personalunion nun auch zum König über Nordisrael (2 Sam 5,1–3). Doch nach wie vor blieben Nord und Süd zwei getrennte Größen.

Als die Philister die neuentstandene Gefahr erkannten, war es bereits zu spät. In der Rafaiterebene südwestlich von Jerusalem brachte David ihnen eine Niederlage bei, von der sie sich nicht mehr erholen sollten. Sie begruben alle gesamtpalästinensischen Herrschaftsansprüche, beschränkten sich auf ihre Städte in der Küstenebene und schieden als Gegner Israels aus.

Nach den Gesetzen segmentärer Gesellschaften hätte sich nun nach dem Ende der Philisterbedrohung die in der Notzeit erforderliche Zentralinstanz wieder auflösen müssen. Doch das Herrschaftssystem, das entstanden war, blieb. David baute seine Macht weiter aus. Er eroberte die zwischen den beiden Reichshälften gelegene Jebusiterstadt Jerusalem und verlegte seine Residenz von Hebron nach Jerusalem. Damit hatte er eine von den Stämmen unabhängige Machtbasis gewonnen und trat zusätzlich in die Nachfolge eines kanaanäischen Fürsten ein. Aus Kirjat-Jearim ließ er die Bundeslade nach Jerusalem holen (vgl. die „*Ladeerzählung*“ in 2 Sam 4–6). Die „Stadt Davids“ wurde so auch zum Ort eines zentralen Heiligtums für Israel – der Anfang von dem, was sie heute ist: *heilige Stadt* dreier Weltreligionen.

Mit der Eroberung der Philisterstädte am Mittelmeer, der Völker der Ammoniter, Moabiter, Edomiter und Amalekiter im Osten und der Aramäer im Nordosten gelang es David in einem weltgeschichtlich günstigen Augenblick, für kurze Zeit sogar ein orientalisches Großreich zu errichten, das von Mittelsyrien bis an die Grenze Ägyptens reichte. Doch ebenso wie die Konstruktion Jerusalems gleichsam als sein „Privateigentum“ war auch der neugeschaffene Vielvölkerstaat weit von den Traditionen der alten Stämmegesellschaft entfernt und ganz auf die Person Davids zugeschnitten. Wer sollte einmal in seine Nachfolge eintreten?

Das Problem der Thronfolge, die Begründung einer davidischen Dynastie, füllte seine ganze zweite Lebenshälfte aus und blieb das einzige Problem in seiner glänzenden Laufbahn, das er nicht befriedigend lösen konnte (vgl. die *Thronfolgegeschichte* in 2 Sam 9 bis 1 Kön 2). Hatte ihm am Beginn seiner Herrschaft der Prophet Natan verheißen: „Dein Haus und dein Königtum sollen durch mich auf ewig bestehen bleiben; dein Thron soll auf ewig Bestand haben“ (2 Sam 7, 16), so erwiesen sich offenbar alle Söhne Davids als Nachfolger ungeeignet. David selbst verzögerte in seiner blinden Liebe zu seinen Söhnen notwendige Entscheidungen und ließ z. B. die Blutschande seines erstgeborenen Sohnes und Thronerben Amnon ungesühnt. Das wiederum lieferte dem Bruder Abschalom den Vorwand, Amnon auf dem Gebirge Efraim als Rivalen auszuschalten. Dennoch nahm David auch Abschalom wieder in Gnaden an, bis dieser sich in einem Staatsstreich gegen den eigenen Vater erhob und in Hebron zum König ausgerufen wurde. Erneut brachen alte Stammesrivalitäten auf, und am Ende mußte David seine Residenz samt Harem seinem Sohn Abschalom kampflos überlassen. Mit

Hilfe des Heerführers Joab konnte David ihn schließlich doch überwältigen, ging aber aus dieser Staatskrise nicht ohne Schaden hervor. Der Benjaminit Scheba zettelte einen Aufstand an: „Welchen Anteil haben wir an David? Wir haben keinen Erbbesitz beim Sohn Isais. In deine Zelte, Israel!" (2 Sam 20,1 b). Nordisrael stand dem dynastischen Gedanken des Hauses Israel fremd gegenüber und sah den mit David geschlossenen Herrschaftsvertrag nicht mehr eingehalten. Ein letztes Mal konnte sich David noch durchsetzen, aber jetzt regierte er nicht mehr als König über Israel, sondern als Tyrann.

Die Kandidatur des dritten Davidsohnes, Adonija, wurde von Joab und dem Priester Ebjatar, Exponenten des alten Stammesdenkens, unterstützt. Am Hof forderte das eine mehr staatlich-städtisch denkende Gegenpartei mit Benaja, dem Propheten Natan und dem Priester Zadok an der Spitze heraus, die den aus Davids Verbindung mit Batseba hervorgegangenen (vgl. 2 Sam 12) und politisch unbekannten Salomo auf den Thron bringen wollten. Schließlich entschied sich David für Salomo. Bedenkt man, wie er selbst auf den Thron gekommen war, bedeutete das einen schroffen Gegensatz. Ohne die Zustimmung Jahwes oder die des Volkes auch nur zu erwähnen, bestimmte er eigenmächtig seinen Nachfolger nicht nur für Jerusalem und Juda, sondern auch für das Reich Israel. An der Stadtquelle von Jerusalem ließ er Salomo zum König salben und ihm von den Söldnern Heil zurufen.

Als David bald darauf starb, bestieg Salomo endgültig den Thron und erwies sich sogleich als machtbewußter Potentat. Adonija und Joab wurden umgebracht, Ebjatar in die Verbannung geschickt. Die Thronfolgegeschichte endet mit dem Sieg Salomos, der das Reich seines Vaters in seinem ganzen Umfang übernehmen konnte (vgl. 1 Kön 5,1).

Davids Vielvölkerstaat war das erste und einzige Großreich auf dem Boden der palästinensisch-syrischen Landbrücke. Daß es zustande gekommen war, ist auf der einen

Seite dem Umstand zuzuschreiben, daß die alten Großreiche am Nil und in Mesopotamien schwach und aktionsunfähig geworden waren. Das dadurch entstandene politische Vakuum hat David auf seine Weise ausgefüllt. Hinzu kam die politische Genialität Davids, der die Gunst der Stunde zu nutzen wußte, auch wenn er sich mit der Bildung einer erblichen Dynastie weit von den Grundlagen der alten, freien und nichtstaatlichen Stämmegesellschaft Israels entfernt hatte. Die Geschichte hat zur rechten Zeit den rechten Mann hervorgebracht – einen weitblickenden Staatsmann, den die Bibel in seiner ganzen Menschlichkeit schildert, der von seinen Leidenschaften geschüttelt war und ihnen bis zum Verbrechen erliegen konnte. David hat ein Herrscherideal begründet, das in der Geschichte Israels nie vergessen, aber auch nie wieder erreicht wurde. Tausend Jahre später wird ein anderer „Sohn Davids" kommen, Jesus von Nazaret, alle menschlichen Herrschaftsformen ablehnen und von einer ganz neuen Herrschaft sprechen, von der „Königsherrschaft" Gottes.

3. Salomo – ein Weiser als Staatsmann

Salomo 965/4–926/5 (?)

Bibel: 1 Kön 1–11

Salomos außen- und innenpolitische Tätigkeit richtete sich in erster Linie auf die Stabilisierung des Staatswesens und die Pflege der Künste und Wissenschaften, denen er nach der biblischen Darstellung an seinem Hof eine einzigartige und später nie wieder erreichte Blüte bescherte. Seine glanzvolle Hofhaltung nötigte nicht nur seinen Zeitgenossen Staunen und Bewunderung ab, sondern bildete das Fundament seines Ruhmes auch bei den nachgeborenen Generationen.

Dabei war Salomo bestrebt, mit aller Welt gute Beziehungen zu pflegen. Das geschah einmal durch seine Heiratspolitik – in seinem berühmten Harem gab es zahlreiche ausländische Frauen –, vor allem aber durch ausgedehnte Handelsbeziehungen. Über den phönizischen Hafen Tyrus im Norden führte er Holz aus dem Libanon ein; über Ezjon-Geber bei Elat im Süden gelangten seine Schiffe bis nach Zentralafrika und brachten Gold, Silber, Elfenbein, kostbare Hölzer und exotische Tiere mit. Doch Reichtum und Ansehen konzentrierten sich allein am Jerusalemer Hof um die Person des Königs. Von der Nähe und Familiarität eines David zu den Männern von Juda und Israel kann bei Salomo keine Rede mehr sein.

Die Überlieferung schreibt Salomo eine aufsehenerregende Weisheit zu, auch wenn die biblischen Weisheitsbücher, die sich auf ihn als Autor berufen (Sprichwörter, Kohelet, Hohelied, Weisheit), später entstanden sind. Die Legendenbildung um Salomos Weisheit setzte schon früh ein und trug bereits im Alten Testament erste Früchte. Ein Zeugnis davon findet sich in 1 Kön 5,9–14, wo die bekannten Worte fallen: „Er redete über das Vieh, die Vögel, das Gewürm und die Fische ..." Die Vorbilder solcher poetischen Naturweisheit finden sich in Ägypten und Mesopotamien.

Der salomonische Hof hatte als Pflegestätte der Künste und Wissenschaften einen entscheidenden Einfluß auf die Entstehung der israelitischen Literatur. Die Weltoffenheit Salomos und der kosmopolitische Charakter seiner Unternehmungen schufen die Voraussetzungen dazu. *Gerhard von Rad* hat in diesem Zusammenhang von der „Salomonischen Aufklärung" gesprochen. Am Anfang der Geschichtsschreibung standen vermutlich die Erzählung von der Thronfolge Davids und die älteste Quellenschrift des Pentateuch, der Jahwist.

Nachhaltigste Bedeutung für Israel errang Salomo als Bauherr des Ersten Tempels, den er auf der Tenne des Jebusiters Arauna errichten ließ (1 Kön 5,15 – 9,9). Der nach kanaanäischem Vorbild errichtete Tempel befand sich wohl an der Stelle eines alten kanaanäischen Heiligtums, an dem auch die dunkle Melchisedek-Geschichte in Gen 14 spielte. Jerusalem, die „Stadt Davids“, wurde nun die Stadt, in der Jahwe selbst für ewige Zeiten seinen Wohnsitz genommen hatte (1 Kön 8,12f.). Wegen seiner engen Verbindung mit dem königlichen Palast besaß der Tempel freilich eher den Charakter einer Palastkapelle, für dessen Unterhalt auch nicht das Volk, sondern der Hof aufzukommen hatte. Der König von Jerusalem war nun zugleich der höchste Priester des Jahwetempels (Ps 110,4). Der folgenreiche enge Zusammenhang zwischen Staat und Tempel, Thron und Altar wird hier zum ersten Mal greifbar. Wegen dieser engen Bindung an das Königshaus und seiner kanaanäischen Herkunft mußte der salomonische Tempel freilich in der alten Stämmegemeinschaft Israel als Fremdkörper erscheinen. Hinzu kam, daß Jahwe nun Staatsgott war und hier auch von den unterworfenen Völkern verehrt wurde, die zu Hause durchaus ihre eigenen Götter hatten.

Da Salomos Hofhaltung ungeheure Summen verschlang, mußte er das Fronwesen in großem Stil ausbauen. Allein bei der Holzgewinnung im Libanon waren 30000 Arbeiter beschäftigt. Das wird ebensowenig das Verhältnis des Königs zu seinem Volk verbessert haben wie seine Auslandsbeziehungen. Nach dem Tod des Königs kamen die Ältesten der Nordstämme zu Rehabeam und baten, den harten Dienst und das schwere Joch, das sein Vater Salomo ihnen auferlegt hatte, zu erleichtern (1 Kön 12,4).

Abgesehen von dem äußeren Glanz, in dem sich Salomo während seiner Regierungszeit sonnte, kann von einer wirklichen Mehrung des Reiches keine Rede sein; kein einziger militärischer Erfolg wird von ihm berichtet. Was Salomo getreu seinem Frieden und Wohlfahrt verheißenden Namen versucht hat, war, den Bestand zu halten. Doch verhindern konnte er nicht, daß das davidische Großreich an seinen Rändern langsam abzubröckeln begann. So verlor er im Nordosten den ganzen aramäisch-syrischen Teil, woraus später eine große Bedrohung für Israel erwachsen sollte.

Doch die Personalunion zwischen Juda, Israel und Jerusalem wurde durch das alles nicht berührt. Dazu haben sicher auch Salomos Aufrüstung und sein umfassendes Festungsbauprogramm beigetragen. Ausgrabungen u. a. in Hazor, Megiddo und Geser haben Reste dieser salomonischen Festungen zutage gefördert. Seine Streitwagengarnison, für die er eigene „Wagen- und Pferdestädte" bauen ließ, gliederte er in die militärischen Einheiten des alten Heerbanns und in die von David begründete Söldnerschaft ein und schuf auf diese Weise ein stehendes Heer. Verwaltungstechnisch teilte er das Nordreich Israel in zwölf Verwaltungsbezirke auf, die monatlich den Jerusalemer Hof mit Naturalien zu versorgen hatten. Daß er dabei Jerusalem und Juda ausnahm, wird das gespannte Verhältnis zu Nordisrael zusätzlich schwer belastet haben.

Die Großreichspolitik Davids befand sich unter seinem Sohn Salomo bereits im Niedergang. Anders als David konnte Salomo seinem Nachfolger kein intaktes Reich mehr übergeben. Dafür hat er der Nachwelt das Bild eines weisen, kultivierten und von Gott gesegneten Herrschers hinterlassen, eines Friedensfürsten.

4. Das Ende der Personalunion Juda – Israel

Königreiche		
Juda	*Israel*	*Ägypten*
Rehabeam	Jerobeam I.	Schoschenk I.
926–910	927–907	
Reichsteilung		
926		

Bibel: 1 Kön 12–14

Nachfolger Salomos wurde sein ältester Sohn *Rehabeam*. Er stammte aus einer Verbindung Salomos mit einer Ammoniterin namens Naama aus dem königlichen Harem, war also ein

Repräsentant des familiären Internationalismus, den Salomo begründet hatte. Rehabeams Regierungsantritt geschah in Jerusalem und Juda anscheinend ohne Schwierigkeiten. Beide politischen Größen betrachteten die Thronfolge des David-Enkels als legitim und selbstverständlich. Man kann sich denken, daß Salomo aus den Thronfolgewirren gegen Ende der Lebenszeit Davids gelernt und Rehabeam rechtzeitig und mit Bestimmtheit zum Nachfolger proklamiert hat.

Doch für das Nordreich Israel mußten die Vertragsbedingungen erst wieder neu ausgehandelt werden; aber Rehabeams Reise nach Sichem war vergeblich. Zu groß waren inzwischen die Vorbehalte der Ältesten Israels gegen die salomonische Fronpflicht und die Gaueinteilung mit ihrer ungerechten Steuerbelastung. Zudem stand Rehabeam unter dem Einfluß schlechter Ratgeber und meinte, auf Israel Druck ausüben zu müssen: „... ich werde euch mit Skorpionen (= Geißeln mit Stacheln) züchtigen ...“ (1 Kön 12,11). Der Erfolg war, daß Rehabeam nur mit Mühe mit dem Leben davonkam und Israel sich ein für allemal von der davidischen Dynastie lossagte (12,16).

Dieser oft irreführend als „Reichsteilung“ bezeichnete Konflikt bedeutete nicht die Teilung eines in sich einheitlichen Reichsgebildes, sondern nur die Nichterneuerung der Personalunion zwischen Juda und Israel, wie sie unter David und Salomo bestanden hatte. In Jerusalem, wo die Königsbücher ihre endgültige und einseitig judäisch orientierte Bearbeitung erfahren haben, hat man das freilich als freventlichen Abfall Israels von Juda interpretiert und stets die Hoffnung auf Wiedervereinigung gepflegt.

Im Nordreich Israel bestimmte der Heerbann durch Akklamation *Jerobeam* aus dem Stamm Efraim zum König, einen früheren „Aufseher über alle Fronarbeiten des Hauses Josef“. Schon unter Salomo hatte er an der Spitze einer nordisraelischen Aufstandsbewegung gestanden und mußte deshalb nach Ägypten fliehen. Von ihm hieß es nun, Jahwe habe ihn noch zu Salomos Lebzeiten als künftigen König Israels bezeichnet. Nun war er zur Stelle, und die Israeliten „ließen ihn zur Versammlung rufen und machten ihn zum König über ganz Israel“ (1 Kön 12,20).

Das Ende der Personalunion bedeutete die Geburtsstunde eines neuen Systems kleinerer selbständiger Staatsgebilde auf dem Boden Palästinas. Gegenüber Juda stand Nordisrael zweifellos vor den größeren Schwierigkeiten. Die Tradition zum Königtum Sauls war abgebrochen. Hinzu kamen die ungleich schwierigere geographische Lage im Bergland Efraim und die Vielzahl der Stämmegruppen gegenüber dem einheitlicheren Südreich Juda. Immerhin konnte sich unter diesen erschwerten Bedingungen das Nordreich bis zum Jahr 722 v. Chr. halten.

Doch auch in Juda hatte *Rehabeam* nach seinem Mißerfolg mit großen Problemen zu kämpfen. Jerusalem lag nun strategisch äußerst ungünstig am Nordrand des neuen Staates. Nach dem Vorbild seines Vaters Salomo widmete sich Rehabeam dem Festungsbau und umgab das judäische Kernland mit einem Kranz von Festungen (vgl. 2 Chr 11,5–12). Auch verkehrsgeographisch lag Jerusalem nun im Abseits, ohne direkten Zugang zum Mittelmeer und zu den großen Handels- und Heerstraßen in der Küstenebene. Eine konservative Phase begann, in der der judäische Landadel (der *'amm hā'āreṣ*, die Großgrundbesitzer) die Macht fest in der Hand hielt und sich als treue Stütze der davidischen Monarchie erwies.

Eine Episode beleuchtet diese Bedeutungslosigkeit, in die das Südreich verfiel, schlaglichtartig. Der ägyptische Pharao Schoschenk I. unternahm im 5. Regierungsjahr(?) des Rehabeam einen Feldzug nach Palästina und plünderte dabei den Tempel samt Palastschatz (1 Kön 14,25–28), offenbar ein Versuch, wieder einmal die alte ägyptische Macht in Syrien-Palästina zu demonstrieren. Anders als der anschließende Feldzug durch das Nordreich war der durch Juda für Ägypten so bedeutungslos, daß er nicht einmal eine Erwähnung in den sonst doch recht vollständigen Listen am Tempel von

Karnak fand – ein Epilog zum großen davidisch-salomonischen Zeitalter der Geschichte Israels, das insgesamt nicht viel mehr als zwei Generationen – 80 Jahre – umfaßt haben dürfte.

5. Der Umbruch zur Monarchie und soziale Veränderungen

Monarchie in Israel

Wie kam es überhaupt zu diesem gewaltigen Umbruch von der Richter- zur Königszeit, wo aus einer freien und egalitären Stämmegesellschaft ein Großreich nach altorientalischem Muster entstand?

Man kann die Entwicklung des Königtums in Israel nur vor dem Hintergrund der Monarchie im Alten Orient verstehen. Die beiden wichtigsten Modelle dazu lieferten Ägypten und Mesopotamien. Beide Formen waren von geschichtlich einzigartiger Bedeutung. Vom Königtum in Israel wird man das sicher nicht sagen können, wo es aufs Ganze gesehen eher eine Episode war. Bestimmendes Merkmal des Königtums der Pharaonen war die unbedingte Stetigkeit dieser Herrschaftsform. Es entwickelte eine Festigkeit und eine Dauer, die in der Weltgeschichte einmalig ist. Dazu trug die enge Bindung des Königtums an die Religion entscheidend bei (vgl. das Kapitel „Religion und Gesellschaft im Alten Orient"). Anders in Mesopotamien: auch hier war das Königtum eine durch und durch religiös bestimmte Institution. Doch insgesamt war die Monarchie hier viel mehr von starken geschichtlichen Bewegungen bestimmt, vom Auf- und Niedergang der verschiedenen Reiche.

Im Vergleich zu diesen Herrschaftsformen hatte das Königtum in Israel von vornherein keine große Chance. Trotzdem erwies es sich schon in der Richterzeit, als man sich immer wieder gegen die drohende ethnische Überlagerung durch Fremdvölker zur Wehr setzen mußte, als unumgänglich. Erste und vorübergehende Führungsinstanz wurden zunächst die großen Rettergestalten der „Richter". Doch wenn sie ihre Aufgabe erfüllt hatten, traten sie auch wieder ins Glied zurück, und ihre Instanz löste sich auf. Angesichts der anhaltenden Bedrohung durch die Philister forderten die freien Männer Israels deshalb von Samuel: „Setz einen König bei uns ein, der uns regieren soll, wie es bei allen Völkern der Fall ist" (1 Sam 8,5). Das war dann Saul, und er begann sein Amt zunächst wie jeder bisherige Richter (vgl. 1 Sam 11). Doch als es ihm dann erstmalig gelungen war, „ganz Israel" hinter sich zu bringen, und da die Bedrohung anhielt, blieb er auch im Amt. Seine Gefolgschaft beruhte noch ganz auf Freiwilligkeit: Verwandte, Angeheiratete, Angehörige seines Stammes Benjamin. Zu einem wirklichen und dauerhaften Staat fehlte ihm noch ein von seiner Person und Sippe unabhängiger „Erzwingungsstab" (*M. Weber*).

In Davids Gefolgschaft spielten zunächst ebenfalls verwandtschaftliche Beziehungen eine große Rolle, doch dann fanden auch Außenstehende Aufnahme: Verschuldete, Verarmte, Verbitterte. Aus ihnen schuf sich David eine Söldnertruppe, die zunächst durch die Abgaben (aufgezwungener) Schutzverhältnisse und später durch Steuern finanziert wurde. Nach Sauls Niederlage war dann Davids Truppe die einzige realistische Hoffnung im Kampf gegen die Fremdherrschaft. Diese Chance nutzte David, indem er König von Juda wurde und einen Herrschaftsvertrag mit den Nordstämmen abschloß (2 Sam 5,1–5). Schließlich legte er sich als feste und von den Stämmen unabhängige Machtbasis den Stadtstaat Jerusalem zu. Mit dem Aufbau eines Abgabensystems und einer zentralen Verwaltung entwickelte sich so unter David als neue Herrschaftsform der Staat.

Um diese neue Herrschaftsform gegen die anderslautenden Traditionen des Stämmeverbandes durchsetzen zu können, brauchte man eine besondere Legitimierung. Dies geschah durch die Errichtung eines Zentralheiligtums sowie durch die Produktion entsprechender Literatur.

Die *Ladeerzählung* in 1 Sam 4–6 und in 2 Sam 6 beschreibt die Errichtung des Ladeheiligtums in Jerusalem, das später von Salomo noch durch den Tempelbau überhöht wurde. Hier spielte sich ein in verschiedenen Psalmen noch erkennbares Königszeremoniell ab. Der König wurde rituell von Jahwe als Sohn eingesetzt (Ps 2,7). Anders als in der ägyptischen Mythologie deutete man das nicht als direkte göttliche Zeugung, sondern als Adoption. Trotzdem rückte nun auch in Israel der König in eine göttliche Sphäre. Auch der alte Jahweglaube wurde nun auf eine besondere Zionsideologie hin umgeformt. Jahwe wohnte jetzt hier auf diesem heiligen Berg. Gerade die „Königspsalmen" (Ps 45, 110 u. a.) zeigen freilich auch eine gefährliche Nähe zu kanaanäischen Religionsvorstellungen, die die Ideologie vom „Königtum Jahwes" entscheidend mitgeformt haben.

Auch die nun entstehenden und uns erhaltenen erzählerischen Werke lassen, wenigstens als Nebenabsicht, starke Legitimierungstendenzen erkennen. So will die *Aufstiegsgeschichte* (1 Sam 16 bis 2 Sam 5) beweisen, daß David der legitime Nachfolger Sauls ist und die Königswürde rechtmäßig erlangt hat. Dabei wird David von jeder Schuld gegenüber Saul entlastet. Es muß also die Meinung gegeben haben, daß David sich am Blut Sauls versündigt habe. Ein weiteres Motiv der Erzählung ist die grundsätzliche Unverletzlichkeit des „Gesalbten" Jahwes und damit die ideologische Abwehr jeder Revolution. Die Nabal-Episode in 1 Sam 25 sollte schließlich den Lesern vor Augen führen, daß zur Finanzierung des Staates nun auch Abgaben notwendig sind.

Zur Legitimierung der neuen Herrschaftsform diente vermutlich auch die in ägyptische Ferne verlegte *Josefsgeschichte* (Gen 37; 39–50). Hier besteht der Grundkonflikt in der Angst der Brüder vor der Herrschaft des Josef. In seinen Träumen sah Josef seine Familie vor sich das Hofzeremoniell vollziehen. Dahinter dürfte die Ablehnung einer neuen, Herrschaft ausübenden Klasse gestanden haben. Vielleicht waren davidische Beamte gemeint, die in wallenden Gewändern umherliefen und sich zeremoniell ehren ließen. Die Josefsgeschichte wäre dann eine Art literarische Travestie, doch mit dem Ziel der Versöhnung: Josef hat seine herrscherliche Ehrenstellung nur, um während der Hungersnot und in sonstiger Gefahr seinen Vater und seine Familie zu retten und am Leben zu erhalten. Auch das in der Erzählung anklingende Problem der Sklaverei war in der damaligen Herrschaftsform durchaus aktuell. Die Geschichte zeigt, daß Gott den Staat mit seiner Herrschaftsstruktur zwar herbeigeführt hat, die Menschen aber sollen allein „Knechte" Gottes sein, niemals irgendeines Menschen.

Schließlich könnte auch der *Anhang des Richterbuches* (Ri 17–21) aus der Zeit der beginnenden Monarchie datieren, auch wenn er erst in exilisch-nachexilischer Zeit an diese Stelle geraten sein wird. Die Erzählung von der Danitenwanderung und der Schandtat von Gibea sollten den unzufriedenen Leviten und Grundbesitzern in Efraim demonstrieren, wie schrecklich doch die Anarchie war, die in jenen Tagen herrschte, „als es in Israel noch keinen König gab" (Ri 17,6 u.ö). Am schlimmsten gebärdete sich dabei der Stamm Benjamin, aus dem später Saul kommen sollte. Und solche Zustände herrschten in seiner künftigen Residenzstadt! Das sollte auch den letzten überzeugen, daß ein König, der für Recht und Ordnung sorgt, doch viel besser wäre.

In diesem Zusammenhang gehört auch die Abfassung des *jahwistischen Geschichtswerks*, das auf David als die Erfüllung der alten Verheißungen hinzielt: Er ist der verheißene „Stern aus Jakob" (Num 24,17). Auch die andere wichtige Botschaft gehört in die Davidszeit; der Jahwist stellt sie gleich an den

Beginn: Abraham (= Israel) soll ein Segen für die anderen Völker sein (Gen 12,1 ff.), womit zunächst die vielen im Davidreich vereinten Völker gemeint sind. Und das Land, das Israel nun besitzt, hat Gott selbst dem Abraham gegeben, ebenfalls ein Versuch, den davidischen Territorialstaat zu legitimieren, in dem Israel angesichts der vielen Völker und Fremdkulte immer wieder Gefahr lief, seine Identität als Volk Jahwes zu verlieren (vgl. dazu das vom Jahwisten aufgenommene „Privilegrecht Jahwes" in Ex 34).

Im jahwistischen Geschichtswerk finden sich aber auch Modellerzählungen für die Gehorsamspflicht dem König gegenüber (vgl. Num 16: Datan und Abiram) und Erzählungen gegen den Frondienst (Ex 1–14: Israel und Ägypten). Neben der Absicht, das Davidreich zu legitimieren, wird hier zugleich auch Kritik an seinen salomonischen Auswüchsen deutlich.

Schließlich versuchte die *Thronfolgegeschichte* (2 Sam 9–20; 1 Kön 1–2) König Salomo als rechtmäßigen Nachfolger des David zu legitimieren. Auffällig ist dabei die Tendenz, Davids Verbrechen durch dessen Reue und Jahwes Geduld reinzuwaschen, während die Gewalttaten Salomos einfach nur geschildert werden – vielleicht ein Versuch, wenigstens indirekt König Salomo wegen seines Unrechts zur Rede zu stellen und zur Umkehr zu ermahnen.

Widerstand

Die Vertreter der alten theokratischen Idee und der egalitären Stammesgesellschaft müssen dem ganzen Staatswesen, besonders in seiner monarchistischen Form, nicht nur mit großem Vorbehalt, sondern mit massivem Widerstand gegenübergestanden haben. Auch davon legt die Bibel Zeugnis ab. An erster Stelle steht hier die *Jotamfabel* (Ri 9,8–15 a), nach *Martin Buber* die stärkste antimonarchistische Dichtung der Weltliteratur. Wo in der ganzen altorientalischen Fabeltradition der Dornenstrauch stets negative Kontrastfigur ist, wird in der Jotamfabel ausgerechnet dieser nutzlose Strauch zum König. Hier wird das Königtum der Lächerlichkeit preisgegeben. Buber resümiert: „Das Königtum ... ist kein produktiver Beruf; es ist müßig, aber auch verwirrend und zersetzend, daß Menschen über Menschen herrschen; jeder soll seinem ihm eigentümlichen Geschäft nachgehen, und die mannigfaltigen Fruchtbarkeiten werden zu einer Gemeinschaft zusammenwirken, über der, damit sie daure, niemand zu walten braucht" („Königtum Gottes", S. 24).

Zu den wichtigen antimonarchistischen Texten im Alten Testament gehört auch der *Gideonspruch* (Ri 8, 22 f.). Im Blick auf die Königsherrschaft Jahwes weigerte sich Gideon, über die Israeliten zu herrschen. Weil er es ablehnte, über seine Brüder zu herrschen, wird er als der ideale Richter bezeichnet.

Ähnlich dürften auch verschiedene *alte Textbestände* in 1 Sam zu deuten sein, die in Erinnerung rufen, daß die Forderung nach einem anderen König die Rechte des einzigen Königs Jahwe beeinträchtigt (8,7; 12,12). Drastisch führt das „Königsrecht" in 8,11–17 die Versklavung und Ausbeutung ehemals freier Bauern durch den König vor Augen.

Eine andere Gruppe von Texten wendet sich schließlich gegen den davidischen Territorialstaat, der eben nicht nur das eigene Volk umfaßte, sondern, angefangen von den Kanaanäern, viele Fremdvölker, und damit die Einheit und kultische Reinheit Israels gefährdete. Deshalb erinnern diese Texte an das alte Bündnisverbot und die Zusage Jahwes, diese Völker zu vertreiben (vgl. das Privilegrecht in Ex 34 und das Bundesbuch in Ex 20, 22 – 23, 33).

Soziale Veränderungen

Der Umbruch zur Monarchie brachte im gesellschaftlichen Leben Israels tiefgreifende Veränderungen mit sich. Die einst freie und egalitäre Stämmegesellschaft hatte nun wie die anderen Völker ringsum einen Staat. An der Spitze stand nach altorientalischem Muster ein König mit Hof und Harem und einem ausgedehnten Beamtenapparat, Palastvorstehern, Sekretären, Höflingen, Statthaltern usw. Eine neue Klasse der Herrschenden entstand. Da diese Oberschicht zudem „unproduktiv“ war, waren zu ihrem Unterhalt nicht nur Steuern und Abgaben notwendig, sondern auch Fronleistungen. In der Assyrerzeit kamen noch die einschneidenden Tributzahlungen hinzu.

Der alte Heerbann, dem alle waffenfähigen Männer angehört hatten, wurde nun durch ein festes Berufsheer von Söldnern abgelöst, das einen eigenen Offiziersstand hatte. Für die einzelnen Truppenkontingente wie z. B. die neuen Streitwagenabteilungen mußten Unterkünfte gebaut werden. Neben einem großen Finanzbedarf bedeutete das einen militärischen Anforderungen entsprechenden Ausbau des ganzen Landes. Erst als die Assyrer die Entmilitarisierung Judas forderten, kehrte man zum alten System des Heerbanns zurück.

Vor allem aber das neue Wirtschaftssystem brachte einen umfassenden sozialen Wandel mit sich. Salomo hatte dem Handel die Grenzen weit geöffnet. Seine Schiffe kamen mit wertvoller Fracht aus Afrika; aus dem Libanon importierte er Zedernholz. Wegen seiner geographischen Lage gewann Israel vor allem im Transithandel Bedeutung. Als Folge brach ein neuer Gegensatz Stadt – Land aus. In den Städten dominierte eine oftmals kanaanäische reiche Kaufmannsschicht, während die jahwetreuen Kreise auf dem Land in der Sozialstruktur des alten Bauern- und Hirtenvolks verharrten. Auf die Schattenseiten dieses Wirtschaftssystems machten die Propheten aufmerksam: Betrug und Korruption, die Einrichtung der Schuldsklaverei und das Pfandrecht führten zur Verelendung der Bauern. Ihren Grund und Boden kauften die Reichen als Wertanlage auf. Hinzu kamen von unfreien Bauern bewirtschaftete Staatsdomänen und königliche Krongüter: Von dem alten Gleichheitsgedanken war allenfalls noch die Erinnerung geblieben.

Anders war nun auch das Recht: Unter David und Salomo war die Rechtsprechung noch nicht in das System der staatlichen Verwaltung integriert, sondern der Lokalgerichtsbarkeit überlassen. Im Zusammenhang mit Abgaben, Dienstleistungen, Verwaltungsfragen und Streitigkeiten mit nicht-israelitischen Einwohnern stellten sich jetzt neue Rechtsfragen, die nun am Torgericht des Königs abgehandelt werden mußten. Dabei gewannen zunehmend nicht nur kanaanäische Rechtsvorstellungen an Bedeutung, sondern es gab auch bedrückende Fälle von Rechtsbeugung durch reiche und wohlhabende Israeliten.

Das Nebeneinander von Israeliten und Kanaanäern prägte nun auch die religiöse Entwicklung in Israel. Der Tempel war ja nicht allein Zentralheiligtum für Israel, sondern beherbergte zugleich den Kult des Staatsgottes Jahwe, an dem auch alle Nicht-Israeliten im Vielvölkerstaat teilnahmen. Dazu kamen in Israel noch die beiden kultischen Zentren Bet-El und Dan, später auch noch Samaria. Obwohl die Entwicklung zu einer immer stärkeren Zentralisierung der verschiedenen religiösen Traditionen auf Jahwe hin führte, tendierten die Könige im allgemeinen eher zu einem religiösen Synkretismus, um den kultischen Forderungen aller Bevölkerungsgruppen gerecht zu werden. Der Jahweglaube konnte keineswegs alle in der Vergangenheit Israels existenten Phänomene wie Tempelprostitution, Kinderopfer, Zauberei und Totenbeschwörung ausrotten. In der Assyrerzeit geriet deshalb der Jahweglaube in eine tiefe Krise, und der Jerusalemer Tempel wurde zu einem Mischheiligtum verschiedenster religiöser Vorstellungen.

Im ganzen führte dies in Israel zu dem bedrückenden Gefühl, beherrscht und verwaltet zu werden und obendrein dem alten Jahweglauben zutiefst fremden Einflüssen ausgesetzt zu sein. Vergeblich riefen die Propheten in ihrer Sozial- und Staatskritik diese alten Ideale in Erinnerung. Der Versuch, Israel als Staat zu konstruieren und der freien und egalitären Stämmegesellschaft ein monarchistisches Gewand umzulegen, ist am Ende kläglich gescheitert. Andererseits waren die in diesem Zusammenhang gemachten Gesellschafts- und

Gotteserfahrungen so nachhaltig, daß sie später das Material für die nochmals ganz anderen Erwartungen der nachexilischen Zeit lieferten. Das Bild des „Messias" nährt sich vor allem von der Erinnerung an David.

6. Israel und Juda

Könige von Israel		*Könige von Juda*	
Jerobeam I.	927–907	Rehabeam	926–910
		Abija	910–908
Nadab	907–906	Asa	908–868
Bascha	906–883		
Ela	883–882		
Simri	882		

Bibel: 1 Kön 14–16

Die zusammenfassende Notiz in 1 Kön 14,30 hält fest, daß es zwischen Rehabeam und Jerobeam immer Krieg gegeben habe. Doch existenzbedrohend für das Nordreich waren diese Auseinandersetzungen offenbar nicht. Freilich beschränken sich die Quellen für die Zeit auf das in 1 Kön 12–22 Mitgeteilte.

Jerobeam baute zunächst Sichem zur neuen Residenzstadt aus, zog dann nach Penuel und Tirza – schon das ein Hinweis auf die Instabilität des israelitischen Königtums nach der Trennung von Juda. Die beiden Heiligtümer von Bet-El und Dan an der äußersten Süd- bzw. Nordgrenze erhob er zu Staatsheiligtümern, richtete dort eine eigene Priesterschaft ein und stellte in Konkurrenz zur Lade in Jerusalem als neues Kultobjekt Stierbilder auf. Vermutlich gab es also auch eine Tradition der Jahweverehrung vor einem Stierbild. Doch da der Stier im Alten Orient das Fruchtbarkeitssymbol schlechthin war, brachte dieses Bild auch große Gefahren mit sich. Die Wallfahrt nach Jerusalem wurde nun verboten (vgl. 1 Kön 12,28).

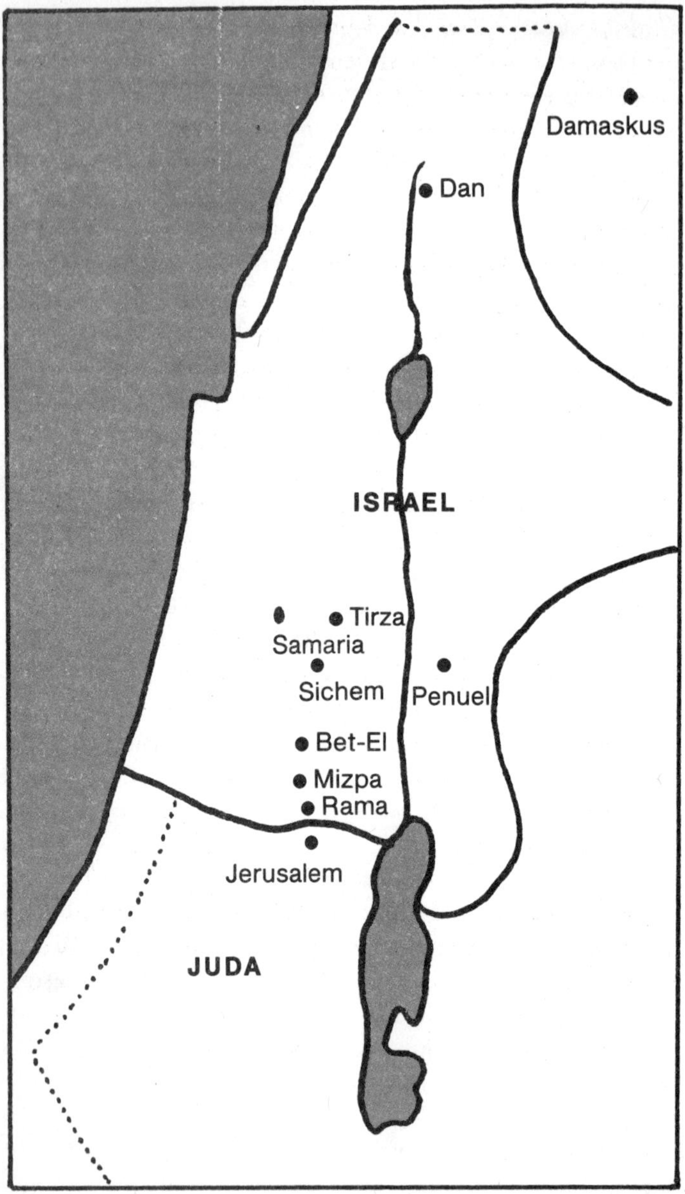

Israel und Juda

Auf Jerobeam folgte sein Sohn *Nadab*, der nach kurzer Regierungszeit einer Verschwörung des *Bascha* zum Opfer fiel, bei der das ganze Haus Jerobeams ausgerottet wurde. Seine Designation erfuhr Bascha durch den Propheten Jehu ben Hanani (1 Kön 16, 2). Um den Zugang zum feindlichen Jerusalem von Norden her zu blockieren, baute er Rama zur Festung aus und zog sich erst zurück, als sich König Asa von Juda mit König Ben-Hadad von Syrien gegen Nordisrael verbündet hatte. Nun verkündete Jehu den Untergang des Hauses Bascha. Der König starb in Tirza, und sein Sohn *Ela* bestieg den Thron. Schon nach wenigen Monaten fand er samt seinem ganzen Haus in einer Militärrevolte des *Simri*, eines hohen Offiziers der Streitwagentruppe, ein Ende. Der Heerbann Israels rief daraufhin durch Akklamation den Heerbannführer *Omri* zum König aus, der sofort Tirza, die Stadt, in der sich Simri verschanzt hatte, belagerte. In seiner Verzweiflung zündete Simri den Königspalast an, in dem er eine Woche regiert hatte, und kam in den Flammen um.

Im Gegensatz zu den instabilen Verhältnissen im Nordreich hielten sich in Juda die Davididen in dynastischer Erbfolge. Königtum, Kult und Heer und vor allem der judäische Landadel garantierten hier ein gefestigtes Staatswesen. Auf Salomos Sohn Rehabeam folgten Abia und Asa. *Abia* regierte nur kurze Zeit, *Asa* 41 Jahre. Er war der große Gegenspieler des Bascha in Israel. Nach jahrelangen Grenzstreitigkeiten im Raum Benjamin gelang ihm eine friedliche Regelung mit Israel. Asas religiöser Erneuerungswille galt der Ausrottung der Fremdkulte und Höhenheiligtümer und dem Gottesdienst am Zentralheiligtum in Jerusalem.

7. Die Dynastie der Omriden

Könige von Israel		*Könige von Juda*	*Propheten in Israel*	*Assyrien*
Omri	882/78–71	Asa 908–868		Salmanassar III.
Ahab	871–852	Joschafat 868–847	Elija	
Ahasja	852–851		Elischa	
Joram	851–845	Joram 852/47–845		

Bibel: 1 Kön 16–22; 2 Kön 1–8

Mit *Omri* begann für das Nordreich eine neue Epoche. Die Labilität des israelitischen Königtums mit seinen beständigen Regierungswechseln, die permanente Bedrohung durch die Philister und die wachsende Gefahr aus dem Nordosten, wo der Staat von Damaskus in Grenzberührung mit Israel lag, das alles verlangte nach einer Stärkung Israels in seinem Inneren, nach einem Ausgleich aller in diesem Staat vereinten Bevölkerungs- und Stammesgruppen. Omri scheint eine Politik des Entgegenkommens und des besonnenen Ausgleichs eingeleitet zu haben. Nicht die Ausrottung, sondern die Duldung der Kanaanäer und ihrer Baalreligion versprach auf Dauer innenpolitischen Erfolg, wenn auch am Ende die jahwistischen Gegenkräfte der omridischen Dynastie den Todesstoß versetzten. Diese Politik des Entgegenkommens zeigt sich schon bei Omris Wahl seiner Residenz. 1 Kön 16,24 berichtet, daß er, nachdem er sechs Jahre in Tirza regiert hatte, den Berg von Samaria von einem Kanaaniter namens Schemer kaufte und hier seine Stadt Samaria baute, künftig die unbestrittene Haupt- und Residenzstadt Israels. Die Parallele zu der Art und Weise, wie David Jerusalem zu seinem persönlichen Eigentum machte, ist offenkundig. Beide erwarben das Grundstück nach kanaanäischen Gepflogenheiten um Geld. Israelitisches Bodenrecht verbot so etwas, da alles Land allein Jahwe gehörte (vgl. Lev 25,23). Beide Städte bekamen einen Sonderstatus, der sie von den Stämmen unabhängig machte. Im Unterschied zu David konnte Omri jedoch seine Hauptstadt von Grund auf neu erbauen. Die Ausgrabungen haben bestätigt, daß der Hügel von Samaria vor dem 9. Jahrhundert nicht besiedelt war.

Nachfolger Omris wurde sein Sohn *Ahab*, der mächtigste Herrscher aus der Dynastie der Omriden. Zum Schutz vor auswärtigen Mächten, vor allem Aram-Damaskus, verstärkte er die Stadtmauern. Dann aber widmete er sich dem Ausbau seiner Hauptstadt Samaria. 22 Jahre hat er hier residiert. 1 Kön 22,39 erwähnt sein „Elfenbeinhaus", d.h. ein Palastgebäude mit Elfenbeinzierraten, von denen Ausgrabungen einige Stücke zutage gefördert haben.

Schon an Omri hat die deuteronomistische Redaktion der Königsbücher heftig Kritik geübt. Noch ärger tat sie das an Ahab, vor allem wegen seiner Heirat mit der phönizischen Königstochter Isebel. Es heißt, Ahab habe Baal angebetet. Möglicherweise handelte es sich dabei um die von Isebel mitgebrachte Verehrung des Stadtgottes von Tyrus. Jedenfalls hat er in seiner Hauptstadt Samaria offiziell einen Tempel für „Baal" (1 Kön 16,32) errichtet – die Anerkennung der Baalreligion in Israel! Der Protest der jahwetreuen Kreise blieb nicht aus und spiegelt sich vor allem in der breiten Aufnahme der Elija- und Elischatraditionen in den Königsbüchern wider. Der Riß ging mitten durch den königlichen Hof. Obadja, einer der höchsten Staatsbeamten, versteckte die Jahwepropheten in Höhlen, um sie der Verfolgung durch Isebel zu entziehen.

Elija und Elischa

Unter diesen jahwetreuen Propheten ragten vor allem Elija und sein Schüler Elischa hervor. Ein ganzer Kranz von legendär angereicherten Erzählungen beschreibt ihren konsequenten Kampf für die Sache Jahwes, des wahren Gottes Israels (Elija: 1 Kön 17–19; 21; 2 Kön 1–2, 18; Elischa: 2 Kön 2; 4,1 – 8,15). Sie haben allen Einflüssen fremden Kultwesens und fremder Götterverehrung getrotzt. Das tritt bei Elija noch großartiger, geschlossener, monumentaler hervor als bei Elischa. Die Elischa-Überlieferung ist breiter, oft stärker am erzählenden Detail und seiner wunderhaften Steigerung interessiert und entzieht sich damit eher einer historischen Beurteilung. Dennoch blieb es Elischa vorbehalten, den Mann zu designieren, der die Omriden entmachten und die Jahwereligion im Nordreich wiederherstellen sollte: Jehu, den Usurpator und Revolutionär.

Elija, der große Gegenspieler des Hauses Ahab und der Königin Isebel, stammte aus Tischbe, vermutlich im Ostjordanland, und wirkte ausschließlich im Nordreich. Größtes und triumphalstes Ereignis in seinem Leben war das „Gottesurteil auf dem Karmel" (1 Kön 18,20–40). Als Ahab die Hoheitsrechte über diesen Bergrücken im Grenzgebiet von Israel und Tyrus erworben hatte, schien für Elija der Augenblick gekommen, das dort befindliche alte Jahwe-Heiligtum wiederherzustellen. Ein Wettstreit um die Frage nach dem wahren Gott Israels, Jahwe oder Baal, endete mit der Hinrichtung aller Baal-Kultdiener. Dennoch konnten sich die Baal-Verehrer mit Isebel an der Spitze durchsetzen und Elija aus Israel vertreiben. Auf einer Wallfahrt zum Gottesberg schaute er in einer großartigen, an die Mose-Überlieferungen erinnernden Szene Jahwes Gegenwart, und zwar nicht (wie Baal) in Blitz und Donner, sondern in einem „sanften, leisen Säuseln" (1 Kön 19,12). Das weitere Schicksal des Elija bis hin zu seiner „Himmelfahrt" auf einem von feurigen Rossen gezogenen Wagen (2 Kön 2,1–18) schildern die in die Königsbücher aufgenommenen Prophetenlegenden.

Die Elija-Erzählungen werfen ein Schlaglicht auf die innere Situation Israels zur Zeit der Omriden. Nach der Ausgleichspolitik des Omri war unter Ahab und Isebel der Kampf zwischen den Verehrern des Jahwe und des Baal auf einen Höhepunkt gekommen. Doch außenpolitisch begannen sich neue Konstellationen abzuzeichnen. Offenbar wurde zur Zeit der Dynastie Omris Israels Verhältnis zum Aramäerstaat Damaskus zunehmend schwieriger. Die Aramäer mußten das erstarkende Israel als harten Rivalen betrachten. Immerhin konnte sich Ahab noch gegen König Ben-Hadad II. von Damaskus erfolgreich zur Wehr setzen. Auch hat er nach Auskunft der assyrischen „*Monolith-Inschrift*" zu einer Koalition von zwölf syrisch-palästinensischen Staaten, die sich gegen das Vordringen der Assyrer unter Salmanassar III. zusammengeschlossen hatte, 2000 Streitwagen und 10000 Mann beigesteuert. Diese Koalition war erfolgreich: Im Jahr 853 v. Chr. wurde Salmanassar bei Karkar in Nordsyrien zurückgeschlagen.

Israel hat sich unter Omri und Ahab im Kräftespiel seiner Nachbarvölker behaupten können. Sogar zu Jerusalem entwickelte sich jetzt ein überraschend freundschaftliches Verhältnis. König Joschafat von Juda, der Nachfolger Asas, erscheint mehrfach als Bündnispartner, und König Joram heiratete sogar eine Tochter Ahabs, Atalja (2 Kön 8, 18). Sie sollte dann allerdings in Jerusalem eine verhängnisvolle Rolle spielen.

Aus dieser Zeit datiert die „*Mescha-Stele*" aus Moab (um 840 v. Chr.), deren Inschrift einen guten Einblick in das Verhältnis Israels zum südlichen Ostjordanland gibt, wo es die Grenzen des Staates Moab berührte. Diese 1868 in Dibon entdeckte, undatierte Stele macht die aufschlußreiche Mitteilung, daß Omri, der König von Israel, während seiner Regierung und der seiner Söhne einen Teil des Landes Moab besetzt hielt, bis „Israel zugrunde gegangen" war und Mescha, der König Moabs, sein Land in vollem Umfang wieder beherrschte und seine Städte befestigen konnte. Auch 2 Kön 3, 4–27 erwähnt einen moabitischen König namens Mescha, berichtet freilich ganz andere Ereignisse. Die Mescha-Stele beleuchtet die zwischen Israel und Moab zur Zeit der Omriden bestehenden Abhängigkeiten und Spannungen und fügt sich in die größeren Zusammenhänge der Zeit hervorragend ein.

In *Juda* regierte zur Zeit des Ahab und seiner Nachfolger *Joschafat*, der offenbar wie einst Salomo die Verbindung zum Golf von Akaba wiederherzustellen suchte. Doch sind seine

Schiffe dort zerbrochen (1 Kön 22,41–51). Sein schon erwähnter Nachfolger *Joram* von Juda schuf mit seiner Heiratspolitik einen Höhepunkt in den nachbarlichen Beziehungen mit Israel. Ihm folgte *Ahasja* nach, der nach einer kurzen Regierungszeit von nur einem Jahr ein Opfer der Revolution Jehus wurde.

Omri hatte in Israel eine neue Epoche eröffnet. Er hatte das Königtum stabilisiert und zugleich die Voraussetzungen für eine Dynastie schaffen können; er und seine Nachfolger strebten den Ausgleich mit der kanaanäischen Bevölkerung an und forderten dabei den heftigsten Widerstand der jahwetreuen Kreise heraus. Während die Westseite Israels gesichert war und sogar zu Juda die besten, durch Militärbündnisse und Heirat gefestigten Kontakte bestanden, baute sich der syrische Staatenkomplex zu einer gewaltigen Gefahrenzone aus. Und hinter all dem drohte noch einmal der Koloß des neuassyrischen Großreiches. Doch bevor diese Auseinandersetzungen voll ausbrachen und schließlich zum Untergang Israels führten, kam es in Israel wie auch in Juda zu Krisen mit einem für beide Staatswesen ganz charakteristischen Ausgang.

8. Die Revolutionen des Jehu und der Atalja

Könige von Israel		*Könige von Juda*		*Assyrien*
Jehu	845–818	Ahasja	845	Salmanassar III.
		Atalja	845–840	Šamši-Adad V.
Joahas	818–802	Joasch	840–801	Adadnarari III.

Bibel: 2 Kön 9-14

Das Ende der Dynastie des Omri in Israel kam, als auf Veranlassung des Propheten Elischa ein neuer Mann ganz anderer Herkunft gesalbt wurde: der Offizier und Feldherr *Jehu*, ein vehementer Verfechter des Jahwekultes. Diese Salbung geschah zunächst noch im geheimen und zu Lebzeiten des letzten Omriden Joram. Doch nach der Akklamation durch eine Söldnertruppe im Feldlager bei Ramot im nördlichen Ostjordanland riß Jehu mit ungewöhnlicher Härte die Macht an sich, beseitigte das Haus Omri mit der verhaßten Königinmutter Isebel und liquidierte den Stadtstaat Samaria als einen Hort des Kanaanäertums. Der Baal-Tempel ging in Flammen auf (vgl. 2 Kön 9–10).

Gewiß trug der Tod der Isebel zu einer Erneuerung des Jahwekultes in Israel bei, doch dürfte andererseits sicher sein, daß Jehu die auf dem Land bestehenden anderen Kulte unangetastet ließ und dies nicht unwesentlich zur inneren Stabilität des Staates beitrug. Jehu wurde zum Begründer einer neuen Dynastie, doch die Revolte, die er entfachte, hat Israel politisch an den Rand des Abgrunds gebracht. In der Zeit Jehus war es politisch schwach, seine Erfolge im Kampf gegen Aram blieben gering; die Koalition der zwölf syrisch-palästinensischen Staaten verfiel. Der „*Schwarze Obelisk*" des Salmanassar zeigt einen Jehu (fälschlicherweise als „Sohn des Omri" bezeichnet), der auf dem Bauch kriechend dem Großkönig Tributleistungen überbringt. Der Text lautet: „Als Abgabe des Jehu von Bit-Chumri empfing ich: Silber, Gold, eine Schale aus Gold, eine Schüssel aus Gold, Kelche aus Gold, Schöpfeimer aus Gold, ein Zepter für die Hand des Königs, Waffen." Dennoch konnte sich Jehu 28 Jahre auf dem Thron Israels halten und sogar noch seinem Sohn Joahas und seinem Enkel Joasch die Nachfolge sichern.

Jehus Revolte hatte auch die Davididen betroffen. Den gerade in Jerusalem zur Regierung gekommenen König von Juda, Ahasja, hatte Jehu zusammen mit König Joram von Israel vor den Toren Jesreels umgebracht sowie auch 42 ahnungslose judäische Prinzen, die auf einer Besuchstour im Nordstaat waren (2 Kön 10,12–14). In Juda riß zur gleichen Zeit *Atalja*, die Mutter des Königs Ahasja und Tochter des Ahab und der Isebel, die Macht an sich, usurpierte den Thron, propagierte den Baal-Kult und versuchte, alle männlichen Mitglieder der davidischen Königsfamilie aus dem Wege zu räumen. Sechs Jahre konnte sie sich in Jerusalem behaupten, bis der jahwetreue Priester Jojada, der den kleinen Ahasja-Sohn *Joasch* offenbar mit Unterstützung des judäischen Landadels unbemerkt im Tempel versteckt hatte, dieses Kind durch Salbung und Akklamation zum neuen König einsetzte und der tyrannischen Herrschaft Ataljas ein Ende machte. Der konservative judäische Landadel hatte sich wieder als verläßliche Stütze der davidischen Dynastie erwiesen. Nun war Frieden eingekehrt, und in einem feierlichen Bundeszeremoniell schloß Jojada „den Bund zwischen Jahwe, dem König und dem Volk, daß sie ein Volk Jahwes sein wollten“ (2 Kön 11,17). Als Joasch nach vierzigjähriger Regierungszeit einer Palastrevolution zum Opfer fiel, folgte ihm sein Sohn *Amazja* auf dem Thron nach.

Das rigorose Vorgehen Jehus gegen Mitglieder des judäischen Königshauses hatte dazu geführt, daß in beiden Staatswesen gleichzeitig Regierungskrisen ausgelöst wurden. In Israel trug der auf prophetische Veranlassung Gesalbte den unbestrittenen Sieg davon; selbst die Gewaltakte, die er verübte, hinderten nicht die Fortsetzung seiner Herrschaft. Ganz anders in Jerusalem, wo die kühnen Ambitionen einer energischen Frau, die als Königinmutter einen Schein des Rechts beanspruchen durfte, noch nicht das Prinzip dynastischer Erbfolge zu erschüttern vermochten. Der konservative judäische Landadel, die Großgrundbesitzer, hielten die Macht fest in ihrer Hand. Das System der Verbindung Juda – Jerusalem mit den Davididen ist von ihnen nie in Frage gestellt worden. Gab es Erhebungen, dann allenfalls in Form einer Palastrevolution, niemals aber vom Volk aus oder aufgrund prophetischer Weisung.

9. Der Aufstieg der assyrischen Macht

Könige von Israel		*Könige von Juda*		*Assyrien*
Joasch	802–787	Amazja	801–773	Tiglatpileser III.
Jerobeam II.	787–747	Asarja	773–736 (?)	
Secharja	747	(Usija)		
Schallum	747			
Menahem	747–738	Jotam	756–741 (759–744)	

Bibel: 2 Kön 14–15; Am; Hos

Während wir über die umfassenderen Vorgänge des 9. Jahrhunderts, vor allem über den Aufstieg der neuassyrischen Macht, aus mesopotamischen Quellen gut informiert sind, liegen die Verhältnisse in Israel und Juda in diesem Zeitraum ziemlich im dunkeln. Viel mehr als Königslisten kann man den Texten in 2 Kön 14–15 nicht entnehmen.

In Israel folgte auf Joahas dessen Sohn *Joasch*, von dem man erfährt, daß seine Truppen Jerusalem erobert und den Tempel samt Königspalast geplündert haben – das einzige Mal, daß Truppen des Nordreichs in Juda waren.

Auf Joasch folgte *Jerobeam II.*, während dessen langer Regierungszeit die Propheten Amos und vermutlich auch schon Hosea auftraten. Die vier Jahrzehnte seiner Herrschaft brachten eine wirtschaftliche und politische Konsolidierung, eine Art „Spätblüte“ oder Ruhe vor dem großen assyrischen Eingriff Tiglatpilesers III. Unter seinem Sohn *Secharja* kam es wieder zur revolutionären Umtrieben, denen der König zum Opfer fiel. Sein Nachfolger, ein gewisser *Schallum*, fand nach wenigen Wochen durch die Hand des *Menahem* ein Ende, der sich dann immerhin zehn Jahre auf dem Thron halten konnte.

Noch kürzer sind die Nachrichten über die gleichzeitigen Könige von Juda. *Amazja*, der Nachfolger des Joasch, forderte nach einem erfolgreichen Feldzug gegen die Edomiter Israel heraus und kam wie sein Vater in einer Palastrevolte um. Als Nachfolger setzte der judäische Landadel seinen Sohn *Asarja* (Usija) ein. Da er später vom Aussatz (?) befallen wurde, bekam er als Co-Regenten *Jotam* zur Seite. Auch Juda erlebte in dieser Zeit eine wirtschaftliche Blüte wie vielleicht zum letzten Mal in salomonischer Zeit.

Die relative Selbständigkeit, die die beiden Staaten Israel und Juda hatten, stand freilich im Schatten schwerer Kämpfe in Syrien, die die dortigen Staaten unter sich ausfochten, mehr noch, die sie gegen die erstarkende assyrische Großmacht zu führen versuchten. Kernland Assyriens war der nördliche Teil des Zweistromlandes. Seit Adadnarari II. (912–891 v. Chr.) befand es sich auf Expansionskurs, eroberte bald Babylon und streckte sich seit dem Ende des 9. Jahrhunderts auch nach Syrien-Palästina aus. Einen ersten Höhepunkt erreichte die assyrische Eroberungspolitik unter Assurnasirpal II. (884–858 v. Chr). Die gefürchtete Kampfkraft Assyriens stützte sich auf die große Disziplin und vor allem technische Überlegenheit seines Heeres: große, mit Bogen und Lanzen ausgerüstete Reiterverbände und Wagentruppen mit modernen Kriegsmaschinen wie Sturmböcken usw. In den eroberten Ländern gingen die Assyrer nach einem Drei-Stufen-Plan vor: 1. Bildung eines Vasallenverhältnisses durch Demonstration der assyrischen Militärmacht; Verpflichtung zu regelmäßigen Tributzahlungen und gegebenenfalls zur Gestellung von Hilfstruppen; 2. bei weiterem Widerstand Beseitigung des Vasallen und Einsetzung eines proassyrischen Fürsten; 3. bei nochmaligem Widerstand endgültige Okkupation des Landes, Liquidation des Staates und Umwandlung in eine assyrische Provinz. Durch systematische Deportationen versuchte man der bodenständigen Bevölkerung die Führungsschicht zu nehmen. Im letzten ging es dabei um eine Auflösung der nationalen Identität der unterworfenen Länder.

Assurnasirpals Sohn Salmanassar III. (858–824 v. Chr.) konzentrierte sich in seinen Kriegszügen vor allem auf Mittel- und Südsyrien, stieß dabei aber auf den Widerstand der

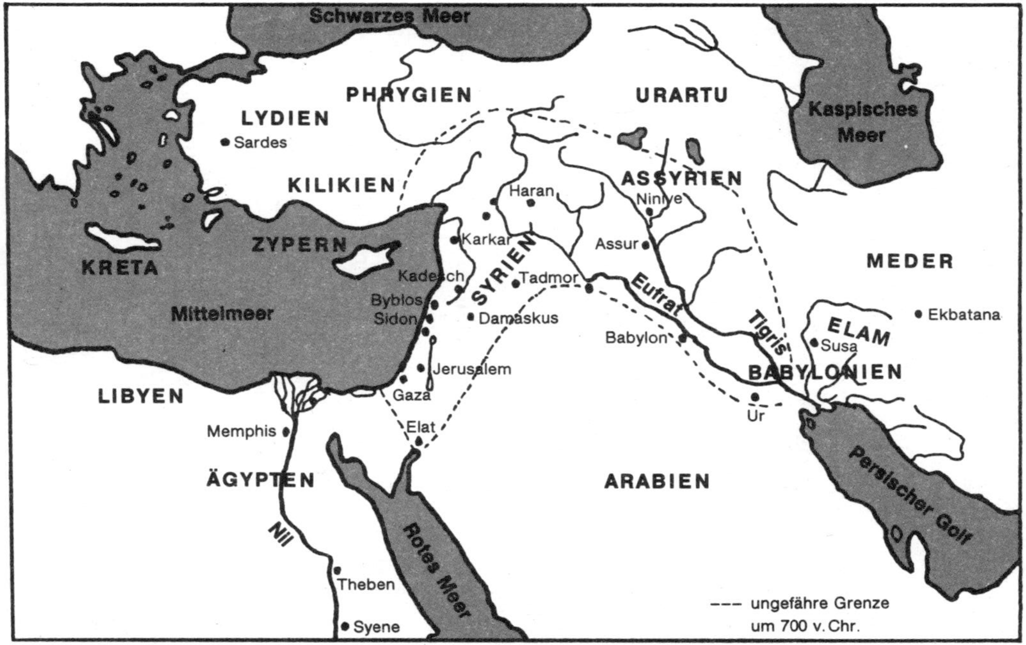

Das neuassyrische Reich

wechselnden Koalitionen der syrisch-palästinensischen Staaten und wurde 853 v. Chr. bei Karkar im Orontestal geschlagen. Seine letzten Regierungsjahre waren von inneren Kämpfen in Assyrien überschattet. Doch die unterworfenen und tributpflichtigen Völker nutzten die entstandene „Atempause“ nicht, sondern verwickelten sich untereinander in Kleinkriege. Adadnarari III. (811–781 v. Chr.) führte schließlich den entscheidenden Schlag gegen Damaskus, unterwarf es und verpflichtete es zur Tributleistung. Eine 1967 aufgefundene Stele Adadnararis III. nennt unter den südlichsten Tributären nun auch König Joasch von Samaria (= Israel).

10. Prophetie in Israel: Staats- und Sozialkritik

In der Zeit des Aufschwungs und Wohlstands unter Jerobeam II. traten in Israel zwei Propheten auf und kündigten kommende Katastrophen an. Am Reichsheiligtum von Bet-El im Nordreich drohte der Prophet Amos: „Jerobeam stirbt durch das Schwert, und Israel muß sein Land verlassen und in die Verbannung ziehen“ (Am 7,11). Amos, ein Maulbeerfeigenzüchter aus Tekoa in Juda, wurde daraufhin des Landes verwiesen. Doch die unheilvollen Prophezeiungen konnte das nicht zum Schweigen bringen. Ein Jahrzehnt später ist das Urteil Jahwes über Israel nach den Worten des Hosea auch nicht hoffnungsvoller: „Es dauert nicht mehr lange, dann werde ich (Jahwe) ... dem Königtum Israel ein Ende machen“ (Hos 1,4). Was hat es mit solcher Prophetie auf sich?

Am ehesten läßt sich das Prophetentum von den Begriffen Institution und Charisma her verstehen. Als Korrektiv zur staatlichen Machtausübung findet es sich in vielen Regionen und Perioden des Alten Orients und ist keineswegs auf Israel beschränkt. Beispiele finden sich u. a. in den Archiven von Mari. Auch in Israel traten die ersten Propheten sofort mit der Entstehung des Staates auf, und zwar am Königshof: Samuel, der Prophet Sauls, Natan, der Prophet Davids. Ihr Charisma ließ sie zu herausragenden religiösen Persönlichkeiten werden und gleichzeitig zu einer ständigen kritischen Instanz dem Staat gegenüber. Wo es um die alten Glaubenstraditionen Israels ging, waren die Propheten am hellhörigsten, und für ihren Auftrag riskierten viele von ihnen ihre bürgerliche Existenz, ja ihr Leben. Demgegenüber läßt sich aber auch immer wieder beobachten, daß die Institution das Charisma zu „domestizieren" versuchte, indem sie sich den Propheten gefügig machte und ihn in Dienst nahm. Die im Alten Testament auftretenden Propheten waren weithin spontane Propheten, die sich gegenüber solchen domestizierten Hof- oder Tempelpropheten behaupten mußten. Das gilt etwa von Elija und Elischa oder auch von Micha ben Jimla, von denen wir nur aus den Königsbüchern wissen. Zur Zeit der Schriftpropheten wurde der Gegensatz oft auf die Formel „Heils- und Unheilsprophetie" gebracht, weil die domestizierten Propheten die Tendenz hatten, den bestehenden (Macht-)Verhältnissen zuzustimmen und entsprechend Heil zu verkünden. Die anderen Propheten erschienen dagegen als „Störenfriede". Deshalb konnte bei Jeremia die Ankündigung von Unheil geradezu zum Kriterium echter prophetischer Berufung werden.

Mit dem Festhalten am Charismatisch-Kritischen hängt es auch zusammen, daß in Israel die Propheten schließlich dazu kamen, Schriften zu verfassen. Das konnte verschiedene Ursachen haben: Entweder fand der Prophet beim König kein Gehör mehr und mußte sich deshalb an eine größere Öffentlichkeit wenden. So wird es bei Hosea und Amos gewesen sein. Oder es wurde ihm jede öffentliche Tätigkeit verboten, er wurde verfolgt und konnte sich aus dem Untergrund nur noch schriftlich äußern, wie Jesaja und Jeremia. Oder wenn der Prophet nichts erreicht hatte und die von ihm angedrohten Katastrophen eingetreten waren, wollte man im Blick auf ähnliche zukünftige Situationen seine Botschaft aufbewahren. So war es vielleicht bei der Entstehung des Buches Hosea oder auch bei anderen späteren Prophetenbüchern. Schließlich konnten auch die eingetretenen Katastrophen so groß gewesen sein, daß Israel nicht mehr in seinem Land lebte und eine Kommunikation nur noch schriftlich möglich war. In diesem Fall konnte schon die ursprüngliche Äußerung des Propheten unmittelbar schriftlich verfaßt sein. In Briefform ist dies schon bei Jeremia zu beobachten, in Buchform scheint es dann bei Deuterojesaja der Fall gewesen zu sein.

Mit der Erfolglosigkeit des Charismas innerhalb der übermächtigen Institution hängt auch die Wendung der Prophetie zum Eschatologischen zusammen, die sich geschichtlich an der Prophetie in Israel feststellen läßt. Es ist die Erweiterung der Perspektive von der Kritik der gegenwärtigen Situation und entsprechenden Handlungsaufforderungen zur Ansage anderer, besserer Verhältnisse in der Zukunft.

Prophetische Sozialkritik

Propheten des 8. Jahrhunderts	
in Israel	*in Juda*
Amos	Jesaja
Hosea	Micha

Die ersten Schriftpropheten im Nordreich waren Amos und Hosea, im Südreich Jesaja und Micha. Die Berufungsvision des Jesaja (Jes 6) fiel in das Todesjahr des Königs Asarja (vermutlich 736 v. Chr.).

Inmitten einer Phase wirtschaftlichen Wohlstands erinnerten die Propheten an die Jahwes Willen gemäße Rechts- und Lebensordnung und forderten als entsprechendes Verhalten „Recht und Gerechtigkeit". Den konkreten Hintergrund ihrer „Sozialkritik" kann man freilich oft aus den Texten nur erschließen (vgl. das Kapitel „Soziale Veränderungen in der Königszeit). Da zeichnen sich dann als Auswirkung des gesellschaftlichen Umbruchs und wirtschaftlichen Aufschwungs in der Königszeit schwerwiegende Mißstände ab: Einer Schicht reicher Kaufleute in den kanaanäisch geprägten Städten steht eine arme, jahwetreue Bevölkerung auf dem Land gegenüber. Ausbeutung, Entrechtung, Bestechung und Verschuldung waren die Folgen. Auch die Rechtspflege scheint korrupt gewesen zu sein. Durch Verschuldung und Zinswucherei wurden aus ehemals freien israelitischen Bauern Tagelöhner und Schuldsklaven – die Geldwirtschaft mit ihren schlimmen Begleiterscheinungen hielt ihren Einzug. Ein weiterer Mißstand war, daß sich neben dem Grundbesitz der freien Israeliten Staatsdomänen mit Lohnabhängigen entwickelt hatten, die oft auch noch von einer kanaanäischen Beamtenschaft verwaltet wurden. Die ursprünglich kleinbäuerliche Wirtschaftsordnung wurde von einem wachsenden Großgrundbesitz und einer Latifundienwirtschaft überlagert, die sich auch noch mit königlicher Unterstützung ausbreitete. 63 Ostraka, Tonscherben, die man in Samaria gefunden hat und die vermutlich aus der Zeit der Dynastie Jehus stammen, enthalten Nachrichten von Wein- und Öllieferungen aus den königlichen Krongütern und können diese Zustände illustrieren.

Es läßt sich denken, wie ein den Traditionen der Stämmegesellschaft fremdes Wirtschaftssystem zu Korruption und Bereicherung verführte und die israelitischen Bauern in Abhängigkeit brachte. Während in Israel alles Land Eigentum Jahwes war und jeder freie Israelit sein Feld als Gabe Jahwes für sich und seine Familie bewirtschaftete, waren in Kanaan Grund und Boden käuflich. In einer Zeit, wo dieses Wissen unterzugehen drohte, setzten sich die Propheten unter Berufung auf Jahwe für die Freiheit und den Schutz der Armen und Ausgebeuteten in Israel ein. Ihre „Sozialkritik" war also eher „konservativ". Manche der in der Bibel erhaltenen Rechtsüberlieferungen lassen Bezüge zur prophetischen

Sozialkritik erkennen: Die Sklavengesetze (Freilassung der Sklaven nach sechs Jahren: Ex 21,2; Dtn 15,12ff.), Bestimmungen über das Boden- und Schuldenrecht (Entschuldung bzw. Restitution des Familienerbes nach sieben bzw. 49 Jahren: Ex 23,10f.; Lev 25; Dtn 15,1–11; Lev 27,16–29). Aber ob diese Bestimmungen in der Praxis wirklich befolgt wurden, ist in der Regel anzuzweifeln (vgl. Jer 34,8ff.).

Diese sozialen Mißstände brachten die Propheten mit außenpolitischen Krisen in Beziehung und sahen deshalb Israel unrettbar den Kräften erlegen, die sich zwischen das Volk und Jahwe gestellt hatten. Verantwortlich machten sie dafür nicht nur den reichen und korrupten Mittelstand, sondern ebenso auch die Priester und die Führungsschicht. Ein solches innerlich zerrüttetes Staatsgefüge war den von außen drohenden Gefahren nicht mehr gewachsen, und der weitere Verlauf der Geschichte Israels bestätigte die Unheilsbotschaft der Propheten.

11. Der Fall Samarias und der Untergang des Nordreichs Israel

Könige von Israel	*Könige von Juda*	*Prophet*	*Assyrien*
Pekachja 737–736		Jesaja	Tiglatpileser III.
Pekach 735–732	Ahas 741–725		Salmanassar V.
Hoschea 731–723	(744–729)		Sargon II.

734–732	Syrisch-efraimitischer Krieg
722	Fall Samarias und Untergang des Nordreichs

Bibel: 2 Kön 15–17; Jes 1–39

Im Jahr 745 v. Chr. riß Tiglatpileser III. die Herrschaft in Assyrien an sich und unterwarf in einem Feldzug durch Nord- und Mittelsyrien 738 den Aramäerstaat Hamat. Zahlreiche syrische Staaten und phönizische Küstenstädte mußten daraufhin Tribut zahlen, unter ihnen auch König Rezin (Rassannu) von Damaskus und Menahem von Israel (2 Kön 15,19f.).

Juda blieb von Tributzahlungen vorläufig noch verschont und bildete eine Art Pufferzone zwischen Assyrien und Ägypten. König in Juda war *Ahas*, ein Enkel Asarjas. Die Königsbücher schildern diesen Ahas nicht sehr freundlich. Er habe sich Fruchtbarkeitskulten zugewandt, auf Höhenheiligtümern Schlacht- und Rauchopfer dargebracht und sogar „seinen Sohn durch das Feuer gehen lassen" (2 Kön 16,3), d.h., er ließ ihn als Opfergabe für den Gott Moloch (ein entstellter Beiname des Baal) verbrennen. Es ist aber auch nicht auszuschließen, daß die Menschenopfer Jahwe gegolten haben. Solche Opfer waren jedenfalls in Notzeiten nicht nur bei den Kanaanäern üblich, sondern trotz des Verbotes in Lev 18,21 offenbar auch im Israel und Juda der Königszeit.

Ein letztes Mal versuchten die syrischen Kleinstaaten, das assyrische Joch abzuschütteln. Im Jahr 734 wandte sich König Rezin von Damaskus an König Pekach von Israel und an König Ahas von Juda, um sie zu einer antiassyrischen Koalition zu bewegen. Ahas zögerte, und um ihn zum Beitritt zu zwingen, zogen Rezin und Pekach gemeinsam nach Jerusalem. Der erfolglose „syrisch-efraimitische Krieg" (734–732 v.Chr.) begann, der den Hintergrund zu der berühmten Immanuel-Weissagung des Jesaja bildet (vgl. Jes 7,1–14). Ahas, von Jesaja zum Vertrauen auf Jahwe aufgefordert und an die Erwählung der davidischen Dynastie erinnert, mißtraute freilich der Macht des Gottes Jahwe, unterwarf sich freiwillig dem assyrischen Großkönig und trat in ein Vasallenverhältnis ein: „Ich bin dein Knecht und dein Sohn ..." (2 Kön 16,7).

Der Erfolg war, daß nun auch Juda unter assyrische Oberherrschaft geriet und damit von Assyrien aus eine massive kulturelle Einstrahlung in alle Lebensbereiche Judas begann. So errichtete Ahas, nachdem er sich in Damaskus genaue Instruktionen geholt hatte, im Jerusalemer Tempel einen (aramäischen?) Altar (2 Kön 16,10–16). Freilich ist nicht ganz klar, wieweit die Assyrer in ihren Vasallenstaaten und Provinzen auch die Einrichtung des offiziellen assyrischen Staatskultes verlangten oder was für Beweggründe Ahas gehabt haben mag. Jedenfalls wurde der ältere bronzene Altar des Tempels zur Seite gerückt, und der neue Altar des Ahas fand nun offenbar auch im Jahwekult Verwendung – ein Grund für die späteren kultuspolitischen Maßnahmen des Hiskija und des Joschija.

Für Syrien und Israel war mit der antiassyrischen Koalition das Schicksal besiegelt. 732 eroberte Tiglatpileser Damaskus und im Anschluß daran auch das Nordreich Israel. Von Israel ließ er nur einen Rumpfstaat Efraim bestehen; den Rest teilte er auf die assyrischen Provinzen Megiddo, Dor und Gilead auf. Als Vasallenkönig setzte Tiglatpileser *Hoschea* ein und deportierte einen Teil der Oberschicht. Da Hoschea jedoch den Thronwechsel in Assyrien ausnutzen wollte, politische Kontakte zu Ägypten aufnahm und die Tributzahlungen an Assur einstellte (2 Kön 17,4), setzte ihn Tiglatpilesers Nachfolger Salmanassar V. fest und belagerte drei Jahre lang die Hauptstadt Samaria. Im Jahr 722 fiel sie; 27 280 Personen, Priester, Staatsbeamte und Großgrundbesitzer, wurden nach assyrischen Berichten deportiert. Da die assyrische Deportationspraxis das Ziel hatte, die nationale Identität der Deportierten zu zerstören, haben sie sich – anders als später die nach Babylon deportierten Judäer – als Gruppe nicht halten können; ihre Spuren verlieren sich.

Die Landbevölkerung durfte in der nunmehr Samerina genannten assyrischen Provinz bleiben und wurde zu Arbeitsleistungen verpflichtet. Die fehlende Oberschicht wurde durch aus anderen Gebieten Deportierte ersetzt. So entstand eine neue und fremde privilegierte Schicht, die an einer Auflehnung gegen Assur kein Interesse hatte. Die verschiedenen Bevölkerungselemente werden sich mit der Zeit vermischt haben. Die Sonderentwicklung des samarischen und galiläischen Raumes, die sich bis in die Zeit Jesu beobachten läßt, hat hier ihre Wurzeln und ersten Anfänge.

12. Juda als assyrischer Vasall

Könige von Juda		*Propheten*	*Assyrien*	*Ägypten*
Hiskija	725–697 (728–700)	Jesaja	Salmanassar V.	
		Hulda	Sargon II.	
Manasse	696–642	Jeremia	Sanherib	
Amon	641–640		Asarhaddon	
Joschija	639–609		Assurbanipal	Necho II.
612 Fall Ninives				

Bibel: 2 Kön 18–23; Jes 1–39

Trotz der warnenden Beispiele des Nordreichs und von Damaskus kam es in Syrien-Palästina immer wieder zu neuen Aufstandsbewegungen und assurfeindlichen Koalitionen, in die schließlich in Juda auch der Nachfolger von König Ahas, *Hiskija*, verwickelt wurde. Anläßlich des Thronwechsels in Assur von Sargon II. zu dessen Sohn Sanherib rief Hiskija eine antiassyrische Koalition ins Leben, der unter anderem auch die Philisterstädte Aschkelon und Gaza beitraten. Die Verbündeten stellten ihre Tributzahlungen an den Großkönig ein und bemühten sich um Rückendeckung und Unterstützung bei Pharao Schabaka. Gegen dieses trügerische Vertrauen auf ägyptische Hilfe wandte sich heftig der Prophet Jesaja. Vergebens rief er zur Neutralität auf.

Im Jahr 701 v. Chr. zog Sanherib nach Palästina, nahm Juda ein und teilte das Gebiet unter den philistäischen Königen von Aschdod, Ekron und Gaza auf, um nun mit ihrer Hilfe eine Abwehrfront gegen Ägypten aufzubauen. Jerusalem belagerten die Assyrer lange, doch ohne die Stadt einzunehmen. Jüngste Ausgrabungen in den jüdischen Vierteln der Stadt zeigen, daß Jerusalem damals vermutlich wegen der

Asylanten aus dem Nordreich nach Westen hin praktisch doppelt so groß war. Um die Wasserversorgung während der Belagerung sicherzustellen, baute man den noch heute erhaltenen Siloah-Kanal, mit ca. 520 Metern Länge ein technisches Meisterwerk (vgl. 2 Kön 20,20; 2 Chr 32,30).

Der Bericht über die Belagerung Jerusalems in 2 Kön 18–19 schildert anschaulich ein Stück assyrischer Kriegspropaganda. Vor dem geplanten Großangriff sandte Sanherib zweimal hohe Beamte vor die Stadt, die die Einwohner mit dem Hinweis auf das traurige Schicksal anderer Städte, die vergeblich auf ihre Götter gehofft hatten, zur Übergabe überreden sollten. Jerusalem lehnte ab. Trotzdem unterblieb der Angriff, und die Assyrer brachen die Belagerung aus unbekannten Gründen plötzlich ab. Vielleicht war in ihrem Lager die Pest ausgebrochen, worauf ein Text, der von Ratten spricht, schließen lassen könnte, vielleicht wurde Sanherib auch wegen eines Aufruhrs nach Hause gerufen. In seiner *„Prisma-Inschrift"* rühmt er sich: „Hiskija schloß ich wie einen Käfigvogel in Jerusalem ein. Schanzen warf ich gegen ihn auf und machte ihm das Hinausgehen aus dem Stadttor unmöglich." Jedenfalls blieb Jerusalem frei, und die Einwohner erkannten darin das Eingreifen Jahwes, der seine Hand schützend über Stadt und Tempel gehalten hatte. Hier hat der Mythos von der Unzerstörbarkeit der Stadt, wie ihn Jesaja in 2 Kön 19,32–34 formuliert hat, seine Wurzeln. Seine Fehlinterpretation wird später Jeremia in seiner berühmten Tempelrede geißeln (Jer 7,3 b f.).

Dennoch war Juda, das Staatsgebiet außerhalb Jerusalems, verloren und unterstand philistäischer Oberhoheit. Jesaja hatte deshalb auch allen Grund zur Klage: „... Fremde verzehren vor euren Augen den Ertrag eurer Äcker; verödet wie das zerstörte Sodom ist euer Land. Die Tochter Zion steht verlassen da wie eine Hütte im Weinberg, wie eine belagerte Stadt ... (Jes 1,7–9).

Die Königsbücher stellen Hiskija ein gutes Zeugnis aus. Er hatte die Höhenheiligtümer abgeschafft und dem Jerusalemer Tempel eine Vorrangstellung gegeben – ein Vorspiel zur späteren Kultzentralisation unter Joschija (vgl. 2 Kön 18,3–7). Neuere Ausgrabungen in Tel Arad und Tel Beerscheba, die Reste von in dieser Zeit zerstörten Altären aufgedeckt haben, scheinen diese Nachricht zu bestätigen.

Inzwischen hatte Assyrien eine weitere Stufe seiner Macht erreicht und 671 v. Chr. unter Asarhaddon Ägypten erobert. Pharao Taharka, ein Äthiope, wurde besiegt, Memphis so gut wie kampflos eingenommen. Das assyrische Weltreich hatte seine größte Ausdehnung erreicht: vom Zweistromland bis zum Nil. Doch war damit der Zenit auch schon überschritten.

In Jerusalem erwies sich Hiskijas Sohn und Nachfolger *Manasse* (2 Kön 21) in seinen 55 Regierungsjahren als treuer Vasall Assyriens. In den Königsbüchern haben die Deuteronomisten ihn zu einer negativen Kontrastfigur zu Joschija gemacht. So berichtet 2 Kön 23,4 von Kultgegenständen im Jerusalemer Tempel für „Baal, die Aschera und das ganze Heer des Himmels". Darunter wird der Kult des assyrischen Reichsgottes Assur und der Ištar, der „Himmelskönigin" und Göttin der Liebe und der Schlacht, zu verstehen sein sowie assyrische Astralgottheiten, deren Kult unter Manasse Eingang in den Jerusalemer Tempel gefunden und die Jahwereligion in ihre tiefste Krise gestürzt hatte. Aber auch sonst hatten sich assyrische Sitten und assyrisches Brauchtum durchgesetzt, vor allem in der Jerusalemer Aristokratie (vgl. Zef 1,1–6.8 f.).

Als Manasses Sohn *Amon* nach kurzer Regierungszeit einer Palastrevolte zum Opfer (2 Kön 21,19–26) gefallen war, rangen verschiedene Parteiungen um die Macht, bis es dem judäischen Landadel gelang, den achtjährigen Amon-Sohn Joschija auf den Thron zu bringen und so die Herrschaft der Davididen wiederherzustellen. Noch mußten die Regierungsgeschäfte andere für ihn führen; doch später sollte dieser Mann eine Politik betreiben, die die behutsame Loslösung von Assur zum Ziel hatte und die im Rahmen einer tiefgreifenden Kultus- und Staatsreform das Staatswesen auch in seinem Inneren wiederherstellte.

Die joschijanische Reform

Diese Reform hing mit der überraschenden Auffindung eines Buches im Jerusalemer Tempel des Jahres 622 zusammen, in dem man seit langem den Grundbestand des deuteronomischen Gesetzes (Dtn 5–28) vermutet hat. 2 Kön 22–23 beschreibt ausführlich, wie dieses Buch vom Oberpriester Hilkija gefunden und dem König überbracht wurde. Nach Konsultation einer Prophetin namens Hulda ließ Joschija den Text öffentlich verlesen und verpflichtete sich und die Bevölkerung von Jerusalem und Juda durch einen Eid auf die Einhaltung dieses „zweiten" Gesetzes (= Deuteronomium).

Das als Moserede stilisierte *Deuteronomium* greift alte Traditionen Israels auf, versucht sie systematisch zusammenzufassen, zu vereinheitlichen und nach neuen Gesichtspunkten theologisch zu deuten. Analog zu dem Modell der assyrischen Vasallenverträge formuliert es dabei wichtige Texte, die das Verhältnis Jahwes zu seinem Volk zum Inhalt haben, in Form eines Vertrages zwischen Jahwe und Israel (= Bund) und ergänzt den Vertragstext (etwa Dtn 26,17–19; 4; 29f.; Jos 23) durch ein entsprechendes Vertragsabschluß- (2 Kön 23,1–3) und Vertragserneuerungsritual (Dtn 31,9–13). Vieles spricht dafür, daß das Deuteronomium in mehreren Phasen abgefaßt wurde. Die erste Fassung ist vermutlich schon unter Hiskija um das Jahr 700 anzusetzen. Sie steht im Zusammenhang mit Hiskijas Versuch einer ersten Kultzentralisation in Jerusalem und seiner Revolte gegen die assyrische Oberherrschaft. Auch unter Joschija selbst muß an dem Gesetz gearbeitet worden sein. Seine letzte Überarbeitung hat es in exilisch-nachexilischer Zeit erfahren. Die Verfasser des Deuteronomiums dürften weniger in Kreisen von sogenannten Landleviten zu suchen sein, wie man längere Zeit angenommen hat, sondern eher in einer traditionell eingestellten Gruppe der judäischen Bildungsschicht, die in Jerusalem durch viele Generationen hindurch wichtige Machtpositionen bei Hof besetzt hielt. Im Zentrum stand vielleicht die Schafan-Familie, „Schreiber“, sicher aber gehörten auch Priester dazu. Wahrscheinlich im Zusammenhang mit Unabhängigkeits- und Restaurationsplänen schufen sie aus alten Materialien das deuteronomische Gesetz und versuchten darin eine Antwort zu geben auf die Begegnung mit der machtabgestützten, völlig neuartigen und in jeder Hinsicht überlegenen assyrischen Kultur, die Juda seit den Tagen des Ahas in eine tiefe Krise gestürzt hatte. Unter Joschija ergab sich nun die Möglichkeit, aus dem Untergrund hervorzutreten und dieses Recht auch offiziell einzuführen. So wurde es zur Grundlage der nun folgenden joschijanischen Reformen, vor allem auf kultuspolitischem Sektor.

Joschija ließ den Jerusalemer Tempel von allen assyrischen und kanaanäischen Kultgegenständen reinigen und beseitigte die Häuser, in denen kultische Prostitution geübt wurde. Sodann verbot er allen Jahwe-Priestern in Juda ihre Tätigkeit und holte sie nach Jerusalem. Der in Tel Arad ausgegrabene Tempel wurde in dieser Zeit endgültig zerstört. Mit der Zerstörung der Kultstätten in der assyrischen Provinz Samerina versuchte Joschija sogar, seine Reformen auf das ehemalige Israel auszudehnen und auch hier Machtansprüche geltend zu machen (2 Kön 23, 15). Nur an einer einzigen Stätte durfte Jahwe legitim verehrt werden (Dtn 12 u. ö.), und das war für ihn der Tempel in Jerusalem, der im Deuteronomium freilich ebensowenig namentlich erwähnt wird wie Jerusalem selbst.

Als Krönung hielt Joschija in Jerusalem eine große Paschafeier, bei der nun die Opferschlachtung aus dem Familienkreis bzw. anderen Opferstätten in das Zentralheiligtum des Tempels verlegt wurde und die regelmäßige Festwallfahrt nach Jerusalem zur Pflicht gemacht wurde.

Die weltpolitische Stunde, die König Joschija für seine Reformbestrebungen genutzt hatte, war günstig gewesen. Die assyrische Macht stand am Rande des Untergangs und mußte von Ägypten gegen das aufstrebende neubabylonische Reich gestützt werden. 612 v. Chr. gelang es den mit den Medern vereinten Babyloniern, die assyrische Hauptstadt Ninive zu erobern. Das war das Ende der gefürchtetsten Militärmacht des Alten Orients, von deren einstiger Größe noch heute hervorragende Werke der Architektur und Plastik künden. Große Friedenshoffnungen brachen auf (vgl. Nah 2, 1) und zerschlugen sich bald wieder. Drei Jahre nach dem Fall Ninives, 609 v. Chr., wurde König Joschija auf dem Schlachtfeld von Megiddo von dem ägyptischen Pharao Necho getötet (2 Kön 23, 29).

Joschija war eine der begabtesten und faszinierendsten Gestalten auf dem Thron Davids, der letzte bedeutende König des Südreichs. Auch wenn sein Werk unvollendet blieb, hat Joschija durch die Erhebung Jerusalems zum Zentralheiligtum, durch die Proklamation des Deuteronomiums und durch das in ihm verkörperte Königsideal große Wirkungen auf die weitere Geschichte Israels ausgeübt (vgl. Jer 22, 15 f.).

13. Die Babylonier und das Ende des Staates Juda

Könige von Juda		*Propheten*	*Ägypten*	*Babylonien*
Joahas	609	Jeremia	Necho II.	Nebukadnezzar II.
Jojakim	608–598	Nahum		
Jojachin	598/7	Ezechiel		
Zidkija	598/7–587/6			

598/7	1. Eroberung Jerusalems
587/6	Fall Jerusalems
(587/6	Gedalja)

Bibel: 2 Kön 24–25; Jer; Nah; Ez

Als Nachfolger Joschijas hob der judäische Landadel dessen Sohn, *Joahas*, auf den Thron. Drei Monate später beorderte ihn Pharao Necho in sein Hauptquartier nach Ribla am Orontes, ließ ihn kurzerhand festsetzen und verschleppte ihn nach Ägypten, wo sich die Spuren des Königs verlieren. „Weint um den, der fort mußte; denn er kehrt nie wieder zurück", klagt Jeremia (22,10). Necho duldete keine selbständige Politik und setzte als neuen König den älteren Sohn Joschijas, Eljakim, ein, der sich auf ägyptischen Druck hin in *Jojakim* umbenennen mußte. An ihm war es, die ungeheuren Tributzahlungen, die Necho forderte, aufzutreiben. Der Steuerdruck in Juda nahm wieder zu, und alle Hoffnungen auf eine Fortführung der joschijanischen Reformen waren zerschlagen.

Die künftige Großmacht nach dem Sturz des assyrischen Reiches war das neubabylonische (chaldäische) Reich (629–539 v. Chr.). Nach 400 Jahren Bedeutungslosigkeit feierte das alte Babylon für kurze Zeit Wiederauferstehung und beherrschte jetzt das ganze südliche Zweistromland – mit Option auch auf Syrien und Palästina, wo freilich erst einmal die Ägypter verdrängt werden mußten. Im Jahr 605 kam es zwischen den Babyloniern und den Ägyptern bei Karkemisch, dem alten ägyptischen Brückenkopf in Nordsyrien, zur Schlacht. Auch wenn der Ausgang unentschieden blieb, zog sich Ägypten endgültig aus Syrien und Palästina zurück (2 Kön 24,7). Auf babylonischer Seite hatte das Kommando der Kronprinz und spätere König Nebukadnezzar II. (605–562 v. Chr.) geführt. Der Weg zur Großmacht war für Babylon nun endgültig frei, nahezu kampflos fiel ihm Syrien-Palästina in die Hände.

Auch Jojakim von Juda wurde babylonischer Vasall. Doch mag ihn Pharao Necho an seine alte Vasallentreue Ägypten gegenüber erinnert haben. Jedenfalls stellte er die Tributzahlungen an Babylon ein – ein erster Aufstandsversuch, der von den Soldaten Nebukadnezzars im Keim erstickt wurde. Aus den Erzählungen des Jeremiabuches geht hervor, wie bedrükkend Jojakims Gewaltregiment für Juda war. Prophetisches Wort ließ ihn unbeeindruckt. Als im königlichen Palast eine Buchrolle mit Worten des Jeremia verlesen wurde, zerschnitt der König sie in voller Verachtung und verbrannte sie Stück für Stück (Jer 36).

Hauptziel einer neuen babylonischen Strafaktion im Jahr 598 war Jerusalem. Die babylonische Chronik berichtet: „Im 7. Jahr im Monat Kislew bot der König von Akkad seine Truppen auf und zog in das Hattiland (= Syrien). Gegen die Stadt von Juda schlug er ein Lager auf, und im Monat Adar, am 2. Tag, nahm er die Stadt ein. Er nahm den König gefangen. Einen König nach seinem Herzen setzte er in ihr ein. Ihren schweren Tribut nahm er entgegen und ließ ihn nach Babylon hineinbringen."

Offenbar fiel Jerusalem schon nach kurzer Belagerung den Babyloniern widerstandslos in die Hände. Schon während der Belagerung war Jojakim gestorben. Nachfolger wurde sein Sohn *Jojachin*, den Nebukadnezzar sofort durch den dritten Sohn Joschijas, Mattanja, ersetzte und ihm als Ausdruck babylonischer Hoheitsansprüche den Namen *Zidkija* gab. Offenbar ging es den Babyloniern vor allem um diesen Thronwechsel. Doch auch Schätze aus dem Tempel und dem königlichen Palast wurden geplündert (2 Kön 24,13) und neben Jojakim und dem Priester Ezechiel auch eine größere Zahl von Handwerkern und Beamten nach Babylon verschleppt, die „oberen Zehntausend", wie es aus 2 Kön 24,14 sprichwörtlich geworden ist.

Zidkija erfüllte die in ihn gesetzten Hoffnungen Nebukadnezzars in keiner Weise; doch ebensowenig nahm man ihn in Jerusalem ernst. Er war unklug genug, zuletzt noch gegen Babylon aufzubegehren und offenbar unter ägyptischem Einfluß das Vasallenverhältnis zu kündigen. Unruhen in Tyrus und Sidon und Hoffnungen auf ägyptische Vorstöße mögen ihn dazu ermutigt haben. Auch holte sich Zidkija bei falschen Heilspropheten wie Hananja Unterstützung (Jer 28,1 ff.). Aufs schärfste widersprach Jeremia und rief dazu auf, die politische Abhängigkeit von Babylon zu akzeptieren (vgl. Jer 27,9.12) und sich in diesem Rahmen mit ganzer Kraft Jahwe und seiner gerechten Lebensordnung zuzuwenden. Aus der Gruppe der schon nach Babylon Deportierten warnte auch Ezechiel vor einem Aufstand. Es war vergeblich.

In Zidkijas neuntem Regierungsjahr erschienen die Babylonier erneut mit einem Heer vor Jerusalem, belagerten eineinhalb Jahre lang die Stadt und versuchten, sie auszuhungern. Dabei wurden sie nur kurz unterbrochen, als ägyptische Hilfstruppen für Jerusalem eintrafen. In Lachis gefundene Ostraka ergänzen den biblischen Bericht in 2 Kön 25, der die letzten Tage der Belagerung mit einer schlimmen Hungersnot schildert. Wahrscheinlich im Sommer des Jahres 587/86 gelang es den Babyloniern, eine Bresche in die Stadtmauer zu schlagen. Zidkija versuchte zu flüchten, wurde jedoch eingeholt, von Nebukadnezzar verurteilt und geblendet und gefesselt nach Babylon gebracht. Über das weitere Schicksal dieses letzten Davididen auf dem Thron erfährt man nichts mehr.

In einer späteren Aktion wurde Jerusalem geplündert und völlig zerstört. Der Salomonische Tempel ging in Flammen auf. Ein Teil der Bevölkerung fand den Tod, ein anderer wurde deportiert. Der überwiegende Teil der Landbevölkerung in Juda durfte bleiben. Im Gegensatz zu den Assyrern ließen die Babylonier in den unterworfenen Gebieten die Struktur im allgemeinen unangetastet und siedelten auch keine anderen Bevölkerungsgruppen an. Das Schicksal des fast eineinhalb Jahrhunderte früher ausgelöschten Nordreichs blieb Juda erspart.

Zum Gouverneur machten die Babylonier einen Judäer namens *Gedalja*, einen Enkel des Staatskanzlers Schafan, der einst unter Joschija amtiert hatte. Er war kein Angehöriger des Hauses David und residierte auch nicht im zerstörten Jerusalem, sondern in Mizpa. Im ganzen Land waren babylonische Truppen stationiert, und alle Mauern, Türme, Bollwerke und Festungen, soweit sie nicht schon zerstört waren, wurden geschleift. Bei einem Aufstand in Mizpa wurde Gedalja von dem Davididen Ismael ermordet. Daraufhin setzte eine Fluchtbewegung in Richtung Ägypten ein, der sich gezwungenermaßen auch der Prophet Jeremia anschloß. Eine Strafaktion der Babylonier blieb diesmal aus. Juda versank in Bedeutungslosigkeit. Auf den Trümmern des Tempels wurden Klagelieder angestimmt (vgl. Klgl 4,18–20).

Der Untergang Jerusalems bedeutete das Ende der Dynastie des Hauses David und der staatlichen Existenz des Südreichs Juda. Das Experiment „Jahwegesellschaft als Staat“ war mißglückt. Schon die „Reichsteilung“ hatte gezeigt, wie groß die Kluft zwischen den privilegierten Judäern und den ausgebeuteten restlichen Stämmen Israels geworden war. Doch auch die nun folgende 200jährige Geschichte der getrennten Reiche bedeutete im Grunde nichts anderes als einen kontinuierlichen Abbau der Strukturen der freien Jahwegesellschaft und endete konsequent mit der Auslöschung des Nordreichs. Auch die Propheten hatten das nicht zu verhindern vermocht. Das Südreich Juda konnte sich nur retten, indem es sich freiwillig in politische Abhängigkeit begab und unter Ahas zu einem assyrischen Vasallenstaat wurde. Doch auch diese Entscheidung kam in ausgesprochenem Ungehorsam gegen einen Propheten zustande. Der ganz in der Jerusalemer Zionstheologie verwurzelte Prophet Jesaja hatte zum Vertrauen auf Jahwe und auf die Erwählung des Hauses David aufgerufen. In einer restaurativen Phase versuchte man nun in Juda, sich aus der Umklammerung durch Assur wieder behutsam zu lösen. Die Deuteronomisten verbanden ihr Befreiungsprogramm mit einer neuen Hinwendung zu Jahwe und seiner gerechten Sozialordnung. Doch sowohl Hiskija als auch Joschija scheiterten mit ihren Reformen oder hatten doch nur kurzzeitig Erfolg, und unter Manasse strömten wieder die Fremdkulte in das Land. In den Nachfolgekämpfen nach dem Untergang Assyriens zwischen Ägypten und Babel zog Jeremia gewissermaßen das Fazit aus den bisherigen Unabhängigkeitsbestrebungen und forderte, die politische Abhängigkeit unter Babylon zu akzeptieren und innerhalb dieses Rahmens nun die gerechte Jahwegesellschaft zu verwirklichen. Das war etwas ganz Neues. Wirklichkeit wurde es erst in der Zeit nach dem Exil, als man im Jerusalemer Tempelstaat und in der Diaspora unter dem schützenden Dach eines umfassenderen Großreiches eine neue Gestalt der Jahwegemeinschaft aufbauen konnte. Geschichtlich gesehen, brachte jedenfalls die Katastrophe von 586 nicht das Ende Israels, sondern führte zu einem tiefen Wandel seiner Gestalt und seines Wesen. Alle großen vorexilischen Traditionen des Jahweglaubens wurden hinübergerettet und neu entfaltet.

3. Kapitel

Israel als Tempelstaat und Diaspora

1. Das babylonische Exil und die Heimkehr

		Propheten *in Juda*	*im Exil*	*Babylonien*	*Persien*
587/6	Fall Jerusalems	Jeremia	Ezechiel	Nebukadnez-zar II.	Kyros II.
539	Fall Babylons		Deutero-jesaja	Amel-Marduk	Kambyses II.
538	Kyros-Edikt	Haggai Sacharja		Nabonid	Dareios I.
515	Einweihung des 2. Tempels				

Bibel: Jer; Ez; Jes 40–55; Hag; Sach 1–8; Klgl

„An den Strömen von Babel, da saßen wir und weinten, wenn wir an Zion dachten", heißt es in einem der eindrucksvollsten Psalmen (137, 1). Dennoch war die babylonische Deportationspraxis weniger radikal als die assyrische. Auch ist zu vermuten, daß das Leben in Juda nicht völlig zum Erliegen kam, mag auch die Entwicklung im einzelnen schwer faßbar sein. Überhaupt fließen die Quellen in dieser Zeit wieder recht spärlich und sind obendrein widersprüchlich. Eine im Jeremiabuch aufbewahrte Liste (52, 28 ff.) spricht von 4600 Judäern, die in insgesamt drei Schüben (598, 586 und 582 v. Chr.) nach Babylonien gebracht worden sind. Bei Ezechiel findet sich als Spezialbegriff für diese ins Exil geführte Gruppe das Wort „Gola".

Über die Lebensverhältnisse dieser Gola weiß man wenig. Es ist zu vermuten, daß die Deportierten zusammenbleiben konnten. Offenbar wohnten sie nicht irgendwo am Rande des riesigen Mesopotamien, sondern im babylonischen Kernland, für Deportierte eher eine Ausnahme. Hier sind ganze Siedlungen von Judäern entstanden. Namen wie Tel-Abib am Kebarfluß (Ez 3,15), Tel-Melach, Tel-Harscha, Kerub-Abdon und Immer (Esr 2,59 = Neh 7,61) sind uns überliefert. Die Judäer zählten zur Schicht der Halbfreien, d.h., sie durften frei und nach Familien organisiert wohnen und Eigentum erwerben, mußten aber ihre Arbeitskraft dem Staat zur Verfügung stellen. Unter Leitung der „Ältesten der Exulantenschaft" konnten sie sich sogar selbst verwalten.

Zumindest vor dem Fall Jerusalems bestand auch ein reger Austausch mit der Heimat, so daß die Exilierten durchaus über die Vorgänge in Juda unterrichtet waren, einerseits zum Aufstand in Juda aufstachelten, andererseits wie Ezechiel davor warnten. Umgekehrt überliefert Jer 29 einen Brief des Jeremia aus Juda an die Verbannten, in dem er sie auffordert, sich auf eine lange Exilszeit einzurichten.

Von König Jojachin erfahren wir, daß er im 37. Jahr seiner Wegführung, um 560 v.Chr., also schon unter der Herrschaft des milderen Nebukadnezzar-Nachfolgers Amel-Marduk, befreit wurde und das Recht erhielt, an der königlichen Tafel zu speisen. Immerhin konnten sich also die Hoffnungen der Exilierten lange Zeit an diesem vorletzten der Davididen festmachen. Weithin wurde nach ihm datiert, nicht nach Zidkija.

Der eigentliche religiöse Durchbruch im Exil kam mit *Ezechiel*, einem der eigenartigsten alttestamentlichen Propheten. Zunächst hatte er als Priester am Jerusalemer Tempel amtiert. Mit dem ersten Deportationsschub 598 v.Chr. kam er nach Babylon und empfing dort seine Berufung zum Propheten. In einer gewaltigen Vision sah er Jahwe auf einem Thronwagen in die Fremde ziehen. Ezechiel deutete das so, daß auch Jahwe mit ihnen in die Verbannung gezogen war. Ezechiel war der eigentliche Prophet des Exils in seinem Frühstadium, der vor dem Fall Jerusalems Unheil verkündete, danach Heil, allerdings nur für die Exulanten. Die Exilsgemeinde war für ihn der gerettete Rest, der auf die Heimkehr in ein völlig neuartiges Heimatland wartete. Da er in seinem Haus religiöse Versammlungen abhielt, nennt ihn *J. Wellhausen* den „Konstitutor der nachexilischen Gemeinde". In seiner Vision von der Auferweckung Israels findet Ezechiels Hoffnung auf ein neues Israel überzeugendsten Ausdruck. Der Geist Jahwes haucht den auf einem weiten Feld verstreuten Totengebeinen neues Leben ein: „Diese Gebeine sind das ganze Haus Israel ... Ich öffne eure Gräber und hole euch, mein Volk, aus euren Gräbern herauf. Ich bringe euch zurück in das Land Israel" (vgl. Ez 37,11 f.).

Die Heimkehr

Die Befreiung kam aus einer ganz anderen Richtung. Im Laufe der fünfziger Jahre des sechsten vorchristlichen Jahrhunderts begann parallel zum Niedergang Babylons der Aufstieg der persischen Großmacht. Der letzte König des neubabylonischen Reiches, *Nabonid* (556–539), hatte sich zunächst mit *Kyros II.*, dem 559 v. Chr. auf den Thron gekommenen Perserkönig aus dem Haus der Achämeniden, verbündet. Doch als Kyros im Westen den lydischen König Krösus geschlagen hatte und von Ekbatana aus die persische Macht bis an die Westküste Kleinasiens ausdehnen konnte, ließ auch der Vormarsch Persiens nach Süden nicht lange auf sich warten. Im Jahr 539 fiel dem Feldherrn des Kyros, Gobryas, Babylon so gut wie kampflos in die Hände. Der Untergang des neubabylonischen Reiches muß in Babylon mit mehr oder weniger großer Gewißheit erwartet worden sein, vor allem von der Mardukpriesterschaft, mit der Nabonid in Konflikt geraten war.

Die Perser herrschten in den unterworfenen Gebieten freilich anders als die Assyrer und Babylonier: nicht durch Vernichtung alter Ordnungen und Deportation, sondern durch Bewahrung oder auch Wiederherstellung der gewachsenen

Institutionen. Als Kyros in Babylon die Kulte aus den Zeiten Nebukadnezzars wiederherstellte, machten sich deshalb auch die exilierten Judäer neue Hoffnung auf Heimkehr. *Deuterojesaja* (Jes 40–55), neben Ezechiel der zweite große (anonyme) Exilsprophet, bezeichnete Kyros deshalb als Werkzeug Gottes, ja als den „Gesalbten Jahwes (= Messias) und seinen Hirten" (vgl. Jes 45, 1–6). Diese Hoffnungen bekamen durch ein im Jahr 538 v. Chr. von Kyros erlassenes Edikt, das Esra 6, 3–5 in aramäischer Sprache aufbewahrt hat, neue Nahrung. Von einer Rückführung der Exilierten ist in diesem Kyros-Edikt freilich nicht die Rede, und tatsächlich lassen Rückschlüsse aus Esra 1 auch vermuten, daß zunächst nur wenige nach Juda zurückkehren wollten. Von einer regelrechten Rückwanderungsbewegung kann jedenfalls keine Rede sein. Das wird auch verständlich, wenn man bedenkt, daß es sich doch schon um die Kinder und Kindeskinder der vor 50–60 Jahren Exilierten handelte.

Nach Jerusalem sandte Kyros als Statthalter einen Mann namens *Scheschbassar,* trotz seines babylonischen Namens vielleicht ein Judäer, und beauftragte ihn, die Tempelgeräte zurückzubringen und den Wiederaufbau des Tempels in die Wege zu leiten. Damit begann eine fast zwei Jahrhunderte andauernde Herrschaft der Perser über Syrien-Palästina.

Nach dem Willen des Kyros war der Tempelbau die erste große Aufgabe, die sich den heimgekehrten wie den daheimgebliebenen Judäern stellte. Esra 1 gibt Kyros sogar als obersten Bauherrn an und läßt ihn dabei im Auftrag Jahwes handeln. Doch die Arbeiten setzten sich nur sehr zögernd in Gang. Von seiten der Samarier gab es massiven Widerstand, und die Wiedereinweihung ließ Jahrzehnte auf sich warten. Es muß in Juda eine Reihe von Schwierigkeiten gegeben haben. „Noch ist die Zeit nicht gekommen, das Haus des Herrn aufzubauen", faßt der Prophet *Haggai* die im Jerusalem des Jahres 520 vorherrschende Meinung zusammen. Voll Bitterkeit tadelte er das Wohlleben der Bürger, während der Tempel in Trümmern lag (Hag 1, 4.9). Offenbar fehlte es in

Jerusalem am ernsthaftem Willen, diese Arbeit überhaupt anzugreifen.

In Persien war inzwischen auf Kyros dessen Sohn *Kambyses II.* (530–522) gefolgt, der mit der Eroberung Ägyptens in der Schlacht von Pelusium (525 v. Chr.) dem Perserreich seine größte Ausdehnung verschaffte – ein Weltreich von einer Größe, wie es die Alte Welt bisher noch nicht gesehen hatte. Unter seinem Nachfolger Dareios I. (522–486) gab es dann aber offenbar innenpolitische Konflikte, die sich bis nach Juda hin auswirkten.

Dort standen zwei Männer an der Spitze, *Serubbabel* als Statthalter von Juda und *Joschua* als Hoherpriester. Serubabel war ein Enkel des im Exil verstorbenen Davididen Jojachin, der von den Persern als Provinzbeamter eingesetzt wurde. Seine Aufgabe war neben der Überwachung des Tempelbaus die Wiedereingliederung der Exulanten (Esr 2, 2). Alte Rechte mußten wiederhergestellt werden, ohne daß neu erworbene verletzt wurden. Auf Serubbabel richteten sich dabei offenbar auch messianische Erwartungen. Haggai spricht in 2, 23 von seiner göttlichen Erwählung, und *Sacharja* schreibt ihm in 4, 9 die Grundsteinlegung des Tempels zu. Dabei blieben Konflikte mit dem Hohenpriester Joschua freilich nicht aus (vgl. die „Nachtgesichte", Sach 1–6).

Nach einer Visitation des persischen Satrapen in Jerusalem (vgl. Esra 5, 6 – 6, 12) wurde der Tempel schließlich doch im Jahr 515 vollendet und eingeweiht. Damit hatten Juda und Jerusalem wieder ein kultisches Zentrum, wenn auch kleiner und weniger prunkvoll als der alte Salomonische Tempel. Wer von den alten Leuten noch die Herrlichkeit dieses Tempels in Erinnerung hatte, brach angesichts der Armseligkeit und Dürftigkeit des Nachfolgebaus freilich in Tränen aus (Esra 3, 13; Hag 2, 3).

Ein Problem bildete nun die rechtliche Stellung des neuen Tempels. War der erste königliches Heiligtum gewesen, so geriet der zweite mehr und mehr in den Einflußbereich des Hohenpriesters, für den in nachexilischer Zeit analog zum alten Weiheritual des Königs eine eigene Priestersalbung eingeführt wurde. Sacharja berichtet sogar von einer regelrechten Krönung Joschuas. Der Hohepriester erhielt eine königliche Stellung – eine neue Institution entstand, die religiöse und politische Macht in sich vereinte.

Der Tempel stand wieder, doch die Mauern Jerusalems lagen noch immer danieder. Recht und Tradition warteten auf Wiederherstellung und Neuinterpretation. Ein Großteil der Judäer wohnte noch immer außerhalb Palästinas und schien nicht mehr an eine Rückkehr zu denken. Von nun an läuft die Geschichte Israels in zwei Bahnen weiter: im Jerusalemer Tempelstaat und in der Diaspora. Eine theologische Bewältigung des Exils und der neuen Situation, die es geschaffen hatte, stand noch aus. Neue Geschichts- und Gesellschaftsentwürfe waren notwendig.

2. Die theologische Bewältigung des Exils

Krise der bisherigen Institutionen

Die Katastrophe von 586, der Fall Jerusalems und das anschließende babylonische Exil, stellte die bisherigen Grundlagen des Glaubens und der Lebensordnung in Israel radikal in Frage. In vergleichbaren Situationen haben andere Völker ihren Glauben aufgegeben.

Verloren war zunächst das den Vätern verheißene Land; jede einzelne Familie war von dem Verlust ihres Grundbesitzes betroffen. Verloren war Jerusalem mit seinem großartigen Tempel; seit der wunderbaren Errettung der Stadt zur Zeit des Hiskija hatte das keiner für möglich gehalten. Was war nun von der alten „Zionstheologie", der Erwählung Jerusalems und des davidischen Königshauses noch geblieben? Der Prophet Natan hatte der davidischen Dynastie ewigen Bestand verheißen, doch nach über 400 Jahren gab es nun auf einmal in Jerusalem keinen König mehr. Gab es überhaupt noch einen legitimen Nachkommen? Wie war unter diesen

Umständen die Rolle eines Jojachin, eines Gedalja, eines Zidkija, eines Kyros, eines Serubbabel, und wie die „Herrscher“ auch immer hießen, zu verstehen? Der Abbruch sämtlicher Traditionen und die Zerschlagung der Sozialstrukturen hatten das Juda der Exilszeit in ein umfassendes soziales Chaos gestürzt.

In Babylon hingegen mußten sich die exilierten Judäer in funktionierende Institutionen und Verwaltungsstrukturen einfügen. Daß sie sich dabei nicht völlig assimilierten, wie zwei Jahrhunderte zuvor die Nordreichbewohner in Assyrien, verdankten sie der Tatsache, daß sie in geschlossenen Gruppen angesiedelt wurden. Das hat eine Assimilation wenigstens erschwert. Auf der anderen Seite bildete sich im Exil auch eine Reihe von (zunächst kaum bemerkten) Neuansätzen heraus, die für die Zukunft des Volkes Israel entscheidende Bedeutung gewinnen sollten. Es gab neue Berufsrollen wie die Arbeit im Handel und im Bankwesen und in der babylonischen Beamtenschaft. Es gab neue Kommunikationssysteme. Die Exilierten schrieben Briefe in die Heimat und empfingen Boten. Ein Gedankenaustausch über die neue Lebenssituation kam in Gang.

Nicht zuletzt entstanden auch neue religiöse Institutionen. Nachdem mit der Zerstörung des Tempels der von Propheten wie Amos, Hosea und Jeremia kritisierte Opferkult ein Ende gefunden hatte, entwickelten sich im Exil als Ersatz die Anfänge der Synagoge heraus, mit der neuen Form des „Wortgottesdienstes“, in dem vor allem von deuteronomistischen Kreisen gesammelte alte Erzählungen sowie Gebetstexte gelesen wurden. Als Unterscheidungskriterium gegenüber den Heiden gewannen nun das Sabbatgebot und die Beschneidung ihre überragende Bedeutung.

Wie in anderen vergleichbaren Situationen der Weltgeschichte entstand nun auch unter der Jerusalemer Intelligenz „an den Wasserflüssen Babylons“ eine regelrechte Exilsliteratur. Um das Geschehene verständlich zu machen und denkbare Zukunft zu entwerfen, wurden alte Texte gesammelt und neu kommentiert. Neue Schriften entstanden: die Klagelieder und Teile des Psalters, das deuteronomistische Geschichtswerk (eine Bearbeitungsschicht der Bücher Josua, Richter und der Königsbücher), das Buch Jeremia, das Buch Ezechiel, die priesterliche Geschichtserzählung, die dann in die Priesterschrift und in den Pentateuch eingearbeitet wurde, und schließlich die Redaktion des Jesajabuches, an das man nun das Trostorakel des Deuterojesaja anfügte (Jes 40–55).

Die Exilsliteratur suchte nach neuen Wegen aus der Hoffnungslosigkeit. Das *deuteronomistische Geschichtswerk* machte etwa als bestimmendes Moment im bisherigen Verlauf der Geschichte „die Sünde Jerobeams“ bzw. (für das Südreich) „die Sünde Manasses“ verantwortlich, d.h. den Abfall des Volkes und seiner Könige vom Bund mit Jahwe. Die Katastrophe des Exils war dann als Eintritt des angedrohten Bundesfluches voll verständlich. Doch bei erneuter Hinwendung zum Gesetz Jahwes wird Israel wieder in sein Land zurückkehren dürfen. Später verschob sich dann der Akzent von der gesetzeserfüllenden Leistung Israels mehr zur Bedeutung der Gnade und Vergebung Gottes. Ähnlich ist das Geschichtsbild des Exilspropheten *Ezechiel,* der die zahllosen „Treulosigkeiten“ Israels herausstellt und das Exil dann auch als gerechte Bestrafung interpretiert. Nur eine Art „göttliche Inkonsequenz“ *(G. von Rad)* habe Israel so lange vor diesem Schicksal bewahrt (vgl. Ez 20). Ein solches Geschichtsverständnis erscheint wie eine rückwärts gewandte Prophetie. Vom Ausgang her werden gewisse Denkelemente in die Vergangenheit projiziert.

Schließlich läßt sich in der Exilszeit auch zum ersten Mal von einer wirklichen Eschatologie sprechen, d. h. von innerweltlichen Zukunftserwartungen aufgrund eines göttlichen Eingreifens in den Geschichtsverlauf. Die messianischen Hoffnungen, die nun aufbrachen, werden sich bis in die Zeit Jesu durchhalten. *Deuterojesaja* weitete den Gedanken vom Königtum Jahwes auf alle Völker aus, sprach von einem umfassenden „Plan" Gottes mit ihnen und erkannte in Kyros den „Gesalbten Jahwes". Mit der Leugnung der Macht der anderen Götter bestritt Deuterojesaja zugleich auch ihre Existenz (Jes 41,24). In einer Zeit größter politischer Schwäche rang sich Israel hier endgültig zu einem monotheistischen Gottesbild durch.

In diesen Zusammenhang gehört auch das Wort vom „neuen Bund", den das *Jeremiabuch* verheißt und der dem Neuen Testament seinen Namen gegeben hat (vgl. Jer 31,31–34). Dieser Bund, der nun nicht mehr gebrochen werden kann, bedeutet die Aneignung des Willens Jahwes von innen her. Ähnliche Texte finden sich bei Ezechiel. Ein Prozeß der Verinnerlichung kommt im Exil in Gang. Dieser neue Bund grenzt freilich schon ans Wunderbare und widerspricht aller bisherigen Erfahrung. Und doch wird er sich als der einzige gangbare Weg erweisen, auf dem unter Verzicht auf weltliche Macht und institutionelle Gewalt das Reich Gottes dann tatsächlich in diese Welt gekommen ist.

Die Probleme, um die Israels Exilsliteratur kreist, sind dieselben, die Lösungswege, die sie findet, durchaus verschieden. Deshalb wurden ihre Schriften oft auch aufeinander abgestimmt und harmonisiert. Unter den besonderen „Treibhausbedingungen" des Exils erkannte man vieles, was seitdem greifbar ist und bis in unsere Zeit immer wieder neue Impulse gegeben hat. Ja, mit dieser Fülle von Schriften ist in dieser Zeit eigentlich erst das entstanden, was wir „Altes Testament" nennen.

3. Nehemia und Esra

		Propheten	*Persien*
Nehemia	ab 445	Maleachi	Xerxes
Esra	um 398	„Tritojesaja“	Artaxerxes I. Longimanus
			Dareios II.
			Artaxerxes II. Mnemon

Bibel: Esr; Neh; Mal; Jes 56–66

Über den unbefriedigenden Zustand in Juda und Jerusalem nach der Zeit der Tempeleinweihung (515 v. Chr.) geben die drei Kapitel des anonymen Prophetenbuches *Maleachi* („mein Bote“) Auskunft. Demnach ließ trotz des neuen Tempels die erhoffte Konsolidierung der Verhältnisse noch auf sich warten. So gab es im Opferkult Mängel; man verwendete blinde und lahme Tiere (1,6–14); bei den Abgaben für den Tempel kamen Betrügereien vor (3,7–12). Maleachi prangert die Mischehen mit Ausländern an und die Ehescheidung, die das spezifisch israelitische Eigenleben bedrohten und die Gefahr einer Selbstentfremdung von der Wurzel her mit sich brachten (2,10–16). In dieser Epoche dürfte auch das meiste in „Tritojesaja“ (Jes 56–66) entstanden sein.

Das nächste Ereignis, das sich nach der Redaktion des Buches Maleachi einordnen läßt, ist eine Eingabe der Beamten der Provinzverwaltung von Samaria an die persische Zentralregierung in Susa, vermutlich zu Beginn der Regierungszeit des Artaxerxes I. Longimanus (465/4–425). Samaria fürchtete um seine Vorrangstellung, die durch den Wiederaufbau des Tempels in Jerusalem und den weiteren Ausbau der Stadt in Gefahr geraten war, und versuchte, die wachsende Selbständigkeit Judas zu verhindern. In einem Brief wandte sich der Statthalter Sanballit dagegen, daß in Jerusalem die Stadtmauer wieder aufgebaut und die Stadt neu befestigt wurde. Seine Eingabe hatte zunächst Erfolg, und der

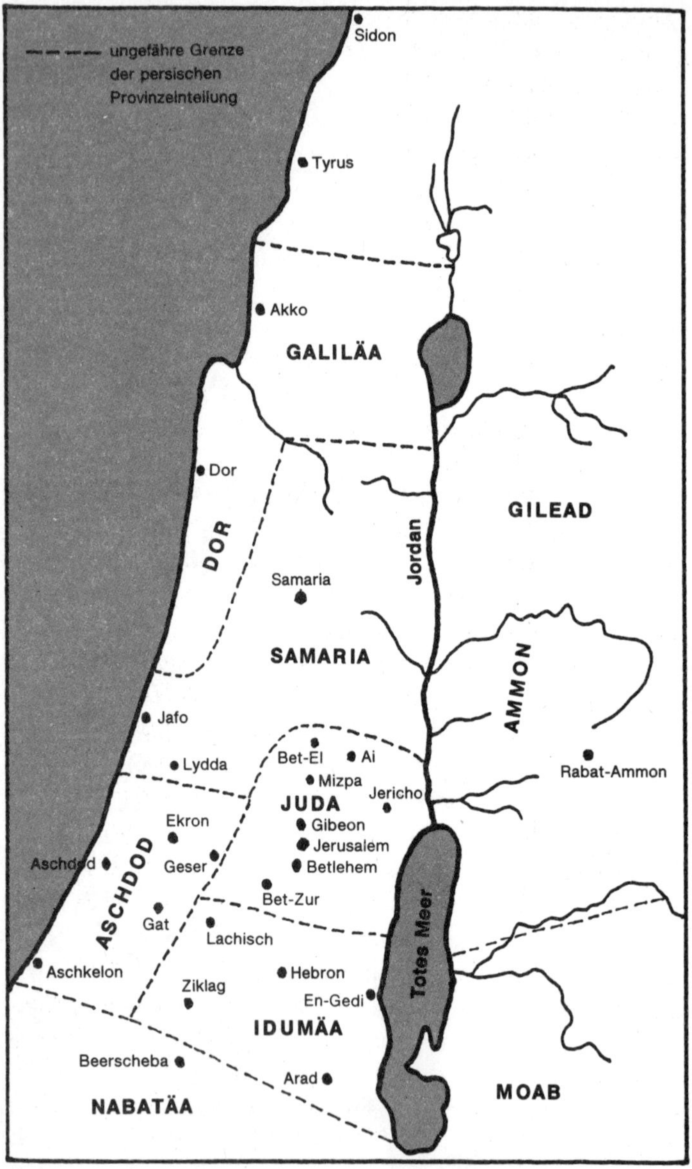

Palästina in nachexilischer Zeit

Mauerbau mußte auf Verlangen der Perser vorläufig gestoppt werden. Die alte Kluft zwischen Jerusalem und Samaria brach wieder auf.

Die entscheidenden Anstöße zu einer Änderung der Verhältnisse in Jerusalem und Juda kamen von außen, nämlich von den Juden in der babylonischen Diaspora. Die Judäer, die im Exil verblieben waren, nahmen offenbar die Zustände in Jerusalem mit wachsender Sorge zur Kenntnis und fühlten sich zum Eingreifen herausgefordert. Sowohl Nehemia als auch Esra stammten aus Familien von nach Babylon Deportierten, beide bekleideten hier höhere Ämter, beide kamen mit Wissen und weitgehend auch im Auftrag der persischen Staatsregierung nach Jerusalem. Ungeklärt ist freilich, wer zuerst kam und in welcher Reihenfolge sie ihre Maßnahmen setzten. Außerdem sind die unter ihrem Namen gesammelten Schriften überarbeitet und neu geordnet, so daß eine eindeutige Entscheidung nicht möglich ist. Die biblische Erzählung beginnt mit der Mission Esras.

Nach Angaben von Esra 7 kam Esra mit Sondervollmachten des „Artaxerxes" nach Jerusalem. Die Frage ist nur, ob es sich dabei um Artaxerxes I. (465/4–425) oder Artaxerxes II. (404–359/8) gehandelt hat. Doch auch die Tätigkeit des Nehemia wird in Neh 1,1 und 2,1 mit dem Namen „Artaxerxes" in Verbindung gebracht. Welcher Artaxerxes hier gemeint ist, ergibt sich aus einer der Urkunden aus der ägyptischen Nilinsel Elefantine des Jahres 408 v. Chr., wo die „Söhne Sanballits, des Gouverneurs von Samaria", genannt werden. Sanballit wird bei Nehemia mehrfach erwähnt. Also wird die Mission Nehemias in die Regierungszeit des Artaxerxes I. gefallen sein. Da Nehemia die Mauern Jerusalems wiederaufbaute und Esra diese bereits vorfand, läßt sich vermuten, daß Nehemia im 20. Jahr der Regierung Artaxerxes' I., also etwa den Jahren 445–433 nach Jerusalem kam, Esra aber später, vielleicht erst um 398, als schon Artaxerxes II. regierte.

Der mit dem Esrabericht verzahnte Bericht über die Tätigkeit des *Nehemia* (Neh 1–7,5) ist im Ich-Stil verfaßt und enthält seine Memoiren. Nehemia, wie Esra Exil-Judäer, war am Hof des persischen Großkönigs bis zum Mundschenk aufgestiegen. Betroffen mußte er von einer Gruppe von Judäern erfahren, daß Jerusalem noch immer unbefestigt daniederlag. An der königlichen Tafel erhielt er vom Großkönig den Auftrag, nach Jerusalem zu fahren und den Mauerbau in die Wege zu leiten, und wurde dazu mit den nötigen Vollmachten und Papieren ausgestattet. Tatsächlich erreichte es Nehemia, daß der Mauerbau trotz vieler Widerstände und Behinderungen in nur 52 Tagen abgeschlossen werden konnte. Der größte, sogar militärische Widerstand kam von Samaria. „Mit einer Hand taten sie ihre Arbeit, in der anderen hielten sie den Wurfspieß"; Neh 4,11 scheint die Situation treffend zu schildern.

Eine andere Aufgabe sah Nehemia darin, der noch immer entvölkerten Stadt Jerusalem neue Einwohner zuzuführen. Ein Zehntel der Bewohner Judas wurde umgesiedelt; wo keine freiwilligen Meldungen erfolgten, entschied das Los. Eine Folge war, daß das Nebeneinander von Juda und Jerusalem aufhörte und die Bewohner zu größerer Einheit fanden. Mit einem Schuldenerlaß beseitigte Nehemia die schlimmsten Auswüchse der sozialen Ungleichheit zwischen Stadt und Land. Seiner Autorität verdankte Jerusalem eine allmähliche Normalisierung im wirtschaftlichen und sozialen Alltag. Um die Einhaltung der Sabbatruhe durchzusetzen, ließ er am Sabbat die Tore der Stadt schließen. So konnten die Händler nicht mehr hinein.

Nach Neh 5,14 und 13,6 hielt sich Nehemia zwölf Jahre in Jerusalem auf, von 445 bis 433 v. Chr. Später kehrte er noch einmal zurück (Neh 13,6) und setzte sich vor allem mit der Mischehenfrage auseinander. Unter Prügeln ließ er die Judäer schwören, in Zukunft Ehen mit der heidnischen Nachbarbevölkerung zu unterlassen – ein Versuch, den rigoristischen Standpunkt der babylonischen Diaspora notfalls auch in Juda durchzusetzen. Irgendwann in dieser Zeit haben die Perser Juda auch aus der verwaltungstechnischen Abhängigkeit von Samaria gelöst und als selbständige Provinz Juda konstituiert. Nehemia wurde ihr erster Gouverneur.

Der Priester und hohe Beamte („Schreiber des Gesetzes des Himmelsgottes") *Esra* kam vermutlich um 398 v. Chr. unter Artaxerxes II. nach Jerusalem (Esra 7). Der Perserkönig, dem an stabilen Verhältnissen auf der Landbrücke nach Ägypten durchaus gelegen sein mußte, ließ ihm ein Schreiben übergeben, dessen Wortlaut in aramäischer Sprache in Esra 7, 12–26 überliefert ist. Sein Auftrag war es, als neues Recht das „Gesetz des Himmelsgottes" einzuführen und mit Hilfe mitgebrachter Spendengelder einen Stiftungsfonds für den Tempel anzulegen. Esra setzte Richter ein, die nach diesem Gesetz Recht zu sprechen und Prozesse zu entscheiden hatten. Ein Höhepunkt in seiner Mission war die öffentliche Verlesung „des Buches des Gesetzes Mose, welches Jahwe Israel geboten hatte" (Neh 8, 1). Esra stand dabei vor den Vertretern des Volkes auf einem Holzgerüst. Die Versammlung antwortete jeweils mit einem zustimmenden „Amen". Nehemia und die Leviten erklärten diesen Tag für heilig. Sieben Tage wurde daraufhin das Laubhüttenfest gefeiert. Neh 9 berichtet von einem großen Bußakt, Neh 10 von einem Treuegelübde. Durch Eid verpflichtete sich das Volk auf die Einhaltung des Gesetzes; eine eigene Bundesurkunde wurde unterzeichnet. Die Neuordnung des Gemeinwesens im nachexilischen Juda fand ihren feierlichen Höhepunkt.

Was Esra damals als das „Gesetz des Himmelsgottes" (Esra 7, 12.21.23) vorlesen ließ, war vermutlich entweder das Deuteronomium oder der fertige Pentateuch. In Esra 7, 26 wird es mit dem Gesetz des persischen Großkönigs gleichgesetzt oder zumindest parallelisiert. Entscheidend ist hier die Frage der Datierung. Denn aus den Memoiren des Nehemia geht hervor, daß *sein* Gesetz noch allein das Deuteronomium war. Datiert man Esra vor Nehemia, dann gilt das auch von ihm, datiert man ihn nach 400, dann spricht alles für den Gesamtpentateuch. Denn die zeitgenössischen Elefantine-Papyri verraten, daß damals nach der priesterschriftlichen

Gesetzgebung entschieden wurde, der letzten Quellenschrift des Pentateuch. Die endgültige Redaktion dieses gewaltigen theologischen Werkes fällt in die Zeit um 400 v. Chr. Als „Gesetz" (hebr. „Tora") wurde es zur Grundlage für den nachexilischen Tempelstaat wie auch für das Leben der Juden in der Diaspora.

4. Der Tempelstaat und seine literarische Legitimation

Der Tempelstaat und die Diaspora

An der Spitze der persischen Provinz Juda stand als Vertreter des Großkönigs ein persischer Gouverneur, der zeremonielle Rechte besaß und für die Ablieferung des Tributs zu sorgen hatte. Der erste war vielleicht Serubbabel, dann Nehemia. Doch der neue „Tempelstaat" verstand sich nun als „Theokratie" (gleichbedeutend mit Priesterherrschaft), in der die alten Königsfunktionen jetzt von Priestern ausgeübt wurden und das ganze Volk „heilig" (= Jahwe zugeordnet) war (vgl. Ex 19,3–8). Die eigentliche Führungsinstanz im nachexilischen Israel war also der Hohepriester, der neben sakralen Funktionen nun auch organisatorische und politische Aufgaben bekam und zum Repräsentanten des Tempelstaates wurde. Dabei standen ihm als Vertreter der wichtigsten Familien die Ältesten zur Seite (Gerusia). In der Ptolemäerzeit entzog man ihm wieder die Finanzbefugnisse und übergab sie einem eigenen Finanzbeamten (Hyparchos). Dieses System lebte unter den Römern wieder auf, wobei der Ältestenrat zu dem aus dem Prozeß Jesu bekannten Synedrium wurde.

Doch zahlreiche Judäer waren in Babylon geblieben und bildeten dort eine eigene, angesehene Gemeinde. Auch gab es seit dem 6. Jahrhundert auf der ägyptischen Nilinsel Elefantine (gegenüber von Assuan) eine israelitische Militärkolonie, ein „fossiler Überrest des unreformierten Judentums in fernem Lande" *(J. Wellhausen)*. Schließlich wuchs in Alexandria eine starke, wohlhabende und geistig interessierte jüdische Gemeinde heran. Aber auch in Samaria, Galiläa und im Ostjordanland lebten Nachfahren der Israeliten, so daß seit dem babylonischen Exil die meisten Juden außerhalb des Tempelstaates gelebt haben dürften. Man spricht vom „Diasporajudentum" (griech. „Zerstreuung"), das zwar im Tempel von Jerusalem einen religiösen Mittelpunkt besaß, aber doch auch über viele kleine Zentren in den einzelnen Regionen verfügte. Natürlich bestanden zwischen diesen verschiedenen Gemeinden auch Spannungen: Auf Elefantine etwa gab es einen eigenen Tempel, dessen Wiederaufbau nach seiner Zerstörung im Jahr 410 v. Chr. der Gouverneur von Juda sogar noch erlaubte. Neben dem Gott Jahwe wurden in diesem Tempel auch noch zwei Göttinnen verehrt! Die 1906–1908 dort aufgefundenen Elefantine-Papyri, die sich in die Zeit von 495–399 v. Chr. datieren lassen, geben darüber Aufschluß.

Irgendwann in die Zeit nach Nehemia und Esra fällt auch das *„samaritanische Schisma"*, das freilich weniger ein dramatischer Bruch als das Ergebnis eines langen politischen und religiösen Entfremdungsprozesses war. Ohnehin läßt sich dieser Bruch auch nicht annähernd datieren, seine Wurzeln reichen zurück bis David. Zuletzt hatten die Samarier heftig gegen den Wiederaufbau des Jerusalemer Tempels opponiert. Als einziges heiliges Buch erkannten sie dann den Pentateuch an, von dem ihr Codex Samaritanus eine zuverlässige Abschrift bewahrt hat. 2 Makk 6, 2 nennt zum ersten Mal ihre Kultstätte auf dem Berg Garizim, wo bis heute eine Gruppe von Samaritanern aus Nablus alljährlich ihr Paschafest feiert.

Mit der *Priesterschrift* (P) entstand die letzte und für den gesamten Aufriß der Tora bestimmende Quellenschrift. Der Name soll ihre Eigenart kennzeichnen, denn wie bei den übrigen Pentateuchquellen kennt man die wirklichen Verfasser nicht. An ihrem Anfang stand eine Sammlung alter Erzählungen, die priesterliche Geschichtserzählung (P^g), später kamen dann Gesetzestexte hinzu. An den Beginn stellt P den Schöpfungsbericht in Gen 1, ein Bekenntnis zu Jahwe als dem Schöpfergott *aller* Menschen. Auch in der anschließenden Urgeschichte beschreibt sie Israel als „Beispielvolk" im Rahmen der Universalgeschichte. Dieser universalistische Geschichtsentwurf verband sich mit einem statischen Weltbild: Gott hat in den Kosmos seine ewigen Gesetze gelegt und in Abraham und Noach mit der ganzen Menschheit einen ewigen Bund geschlossen. Eine neue, auf reine Gnade abgestellte Bundestheologie sollte nun zeigen, daß dieser Bund durch keine noch so große Sünde zerbrechen kann. Das schloß auch die Hoffnung der Exilierten auf Rückkehr in das Verheißungsland ein. Auffällig im priesterschriftlichen Entwurf der Geschichte Israels ist auch ihre Tendenz zu Chronologien, Geschlechtsregistern und Ortslisten.

Aus den Gesetzestexten in P spricht ein stark kultisches Interesse. Die Vorschriften für das Paschafest, das heilige Zelt, Priester, Opfer und Reinigungsriten werden genau formuliert. Das ganze Buch Levitikus ist diesem Komplex gewidmet, mit dem älteren Heiligkeitsgesetz (Lev 17–26) im Zentrum. Diese heiligen Ordnungen sollten den idealen Zustand erhalten helfen. Die Geltung des priesterlichen Gesetzes ist für die Diaspora in der Korrespondenz zwischen Elefantine und Samaria und für Juda schon in einem Jerusalemer Grabfund aus dem 7. Jahrhundert bezeugt.

Neben der Priesterschrift entstand das *chronistische Geschichtswerk.* Zum Grundbestand rechnet man neben 1,2 Chr auch Esra 1–6, später kamen dann noch die übrigen Kapitel von Esra und Neh hinzu. Der unbekannte Chronist versucht eine Geschichte von Adam bis Nehemia zu schreiben und idealisiert dabei sehr: So wird etwa die Sünde Davids mit Batseba mit Schweigen übergangen. Der Chronist zitiert in seinem Werk etwa zwanzig verschiedene Quellen, darunter auch die Königsbücher. Sein Interesse gilt aber nur Juda, dem Tempel in Jerusalem, dem Tempelkult und der Erwählung der alten davidischen Dynastie. Priester und Leviten spielen eine große Rolle. Wichtig ist ihm der Aufweis einer gerechten, Schuld wie Tugend vergeltenden Geschichtslenkung durch Jahwe. Doch gibt es für ihn keine totale Verwerfung, und auch das babylonische Exil erscheint nur als eine Strafperiode neben anderen. Den Abschluß dieser Perioden bilden große Feste: das Paschafest zur Tempelweihe (Esra 6) und das Laubhüttenfest (Neh 8), das Paschafest des Königs Joschija (2 Chr 35), das Paschafest Hiskijas (2 Chr 30 f.), die Tempelweihe Salomos (2 Chr 5–7) und das Fest anläßlich der Überführung der Bundeslade durch David (1 Chr 15 f.). Nach dem chronistischen Geschichtsbild findet die Geschichte des Staates ihren Höhepunkt im Kult. David erscheint als Kultstifter, die nachfolgenden Könige als Kulterneuerer, und Israel lebt wesentlich aus dem Fest.

Die gewaltigste theologische Leistung dieser Zeit bestand in der Endredaktion der *Tora*, nach der Fünfzahl der Gefäße, in denen man die verschiedenen Schriftrollen von Gen bis Dtn aufbewahrte, auch Pentateuch genannt. Um 400 v. Chr. wurde sie als die neue Lebensbasis für die jüdische Gemeinschaft in und um Jerusalem aus dem jehowistischen Geschichtswerk, der Priesterschrift und weiterem hauptsächlich gesetzlichem Material zusammengestellt. Wieweit der Priester Esra daran beteiligt war, muß dahingestellt bleiben. Ihre Geltung wurde jedenfalls mit persischer Machtausübung durchgesetzt. Die gewöhnliche Übersetzung des Wortes „Tora“ mit „Gesetz“ oder „Weisung“ gibt den eigentlichen Sinn nur ungenügend wieder. Denn für die Israeliten war hier eine umfassende „Gesellschaftsordnung“ entworfen, deren Ziel die Heiligung des Alltags war, deren Bedeutung man nur mit der „Bergpredigt“ im Christentum vergleichen könnte. Den Ursprung der Tora verlegte man an den Sinai, wo Jahwe sie dem Mose als seine gerechte Sozialordnung geoffenbart hatte („Bücher Mose“). Vergleiche mit dem mesopotamischen Recht bezeugen für die Tora ein weit fortgeschritteneres gesellschaftliches Bewußtsein. So ging es ihr nicht darum, die vorhandenen sozialen Schichtungen zu schützen und zu festigen, sondern darum, sie aufzuheben. Die Gesellschaft, die ihr vorschwebte, ist als „Gottesherrschaft“ (Theokratie) entworfen, und das bedeutete nicht nur die Absage an jede menschliche Herrschaft und Machtausübung, sondern letztlich auch an den Staat. Wo in Mesopotamien König und Staat die Gesetzgebung dominierten, fordert die Tora im Namen des Gottes Jahwe eine andere Gesellschaft, die kein Staat ist und geprägt ist von wahrer Humanität und rechtem sozialem Verhalten. In ihrem Zentrum stehen deshalb die Liebe zum Nachbarn und zum Fremden und die Sorge selbst um den in Not geratenen Feind (vgl. Dtn 6,5; Lev 19,18; konkretisiert in Ex 23,4–5).

Kennzeichnend für das persische Zeitalter ist die Verbindung von Religion und Literatur. Trotz Priesterschrift und chronistischem Geschichtswerk verloren Kult und Opfer an Bedeutung. Innere Voraussetzung dafür war die Erfahrung des babylonischen Exils, wo sich als neues Medium der Gottesbegegnung das Wort, das Buch, herausbildete. Gottes Wille erreicht den Menschen nun nicht mehr allein in direkter Anrede, sondern auch in Gestalt heiliger Texte. Hieß es bisher: „Hört das Wort des Herrn“ (vgl. Jes 1,10), so heißt es jetzt: „Forscht nach im Buch des Herrn, dort werdet ihr lesen“ (Jes 34,16). Das Wort Gottes gilt als ewig und unvergänglich (vgl. Jes 40,6). Die Sünden Judas werden in ein himmlisches Gerichtsbuch eingetragen (Jer 17,1; Dan 7,10). Daniel spricht sogar vom „Buch des Lebens“, in dem die Auserwählten verzeichnet sind, die vom Gericht verschont bleiben. Jetzt entsteht die Psalmenfrömmigkeit. Die „Königspsalmen“ werden „messianisiert“ und gelten nun Jahwe als dem jetzt regierenden König. In anderen Psalmen geht es um die Armen Jahwes, die identisch sind mit dem unter die Völker zerstreuten und in der zerstörten Heimat unterdrückten und ausgebeuteten Gottesvolk. Diese außerordentliche Schriftfrömmigkeit auch außerhalb des Tempels verstärkte den Prozeß der Verinnerlichung, der sich seit dem Exil beobachten läßt. Nun bildete sich auch eine besondere Gruppe von „Schriftgelehrten“ heraus, die die Schriften interpretierten und auch bis in die letzte Diasporagemeinde hinein verbindlich auslegten.

5. Das Zeitalter des Hellenismus

Alexander der Große 336–323

Ptolemäer 301–200	*Seleukiden* 200–135
Ptolemäus I. Soter 323–285	Seleukos I. Nikator 312–281
Ptolemäus II. Philadelphos 285–246	Antiochos I. Soter 281–261
	Antiochus II. Theos 261–246
Ptolemäus III. Euergetes 246–221	Seleukos II. Kallinikos 246–226
	Seleukos III. Keraunos 246–226
Ptolemäus IV. Philopator 221–204	Antiochos III. der Große 223–187
Ptolemäus V. Epiphanes 204–181	Seleukos IV. Philopator 187–175
Ptolemäus VI. Philometor 181–145	Antiochus IV. Epiphanes 175–164

Schlacht bei Issos 333
Schlacht bei Paneas 200 (198)
Schlacht bei Magnesia 190

Bibel: Koh; Weish; Dan

Das persische Großreich der Achämeniden ist nicht an innerer Schwäche zugrunde gegangen, sondern scheiterte an seiner Expansionspolitik. Die Großkönige versuchten, über das hellenisierte Westkleinasien hinaus auf die Stadtstaaten Griechenlands auszugreifen. Die wechselvollen, über eineinhalb Jahrhunderte dauernden „Perserkriege“ entbrannten. Das Blatt wandte sich endgültig zugunsten Griechenlands, als es den Makedonen unter *Philipp II.* (359–336 v. Chr.) gelang, die Rivalität der Stadtstaaten zu überwinden und die Griechen zu einigen. Die Früchte dieser Politik erntete *Alexander der Große* (336–323 v. Chr). Im Jahr 333 überwand er den Perserkönig Darius III. bei Issos und trat das Erbe des persischen Großreiches an. Alexanders Vormarsch ins syrisch-palästinensische Gebiet wurde von schweren Kämpfen verzögert. Die Belagerung der phönizischen Inselstadt Tyrus dauerte sieben Monate. Sie konnte erst erobert werden, als ein eigens aufgeschütteter Damm durch das Meer geschaffen wurde, der noch heute in verbreiteter Form die Stadt mit dem Festland verbindet.

Die Eroberung syrisch-palästinensischer Städte überließ Alexander seinem Feldherrn Parmenio. Samaria leistete vergeblich Widerstand und wurde zur makedonischen Kolonie gemacht. Jerusalem und Juda konnte Parmenio offenbar kampflos einnehmen. Der berühmte Besuch Alexanders des Großen in Jerusalem gehört freilich in das Reich der Legende. Der von den Achämeniden geeinte Orient fiel Alexander wie ein reifer Apfel in den Schoß *(J. Wellhausen).* Damit begann für den Nahen Osten das Zeitalter des Hellenismus. Im Alten Testament hat das alles kaum Spuren hinterlassen. Der Übergang von der persischen zur griechischen Herrschaft brachte keine tiefgreifenden Erschütterungen. Das sollte sich nach dem plötzlichen Tod Alexanders in Babylon ändern.

Haupterben Alexanders waren in Ägypten die Ptolemäer mit der neugegründeten Hauptstadt Alexandria und in Syrien die Seleukiden mit der Hauptstadt Antiochia. In den nun ausbrechenden Diadochenkriegen lag Juda zwischen den Fronten. Als im Jahr 301 in der Schlacht von Ipsos die Ptolemäer die Oberhand gewannen, sollte für sie eine einhundertjährige Vorherrschaft in Palästina und Phönizien beginnen.

Von Ägypten aus hatte König *Ptolemäus I. Soter* 312 v. Chr. das südliche Palästina und die westsyrische Küste besetzt. Man nannte diesen Landstrich nun auch Coelesyrien

(= Koile Syria, das hohle, nämlich das zwischen Meer und Gebirge gelegene Syrien). Nord- und Mittelsyrien hingegen fielen an *Seleukos I. Nikator,* dessen Nachkommen von Antiochia aus bis ins Zweistromland herrschten. Doch die politische Lage war alles andere als stabil. Während des 3. Jahrhunderts kam es zu nicht weniger als fünf Kriegen zwischen Seleukiden und Ptolemäern. Kritisch wurde die Lage, als der Seleukide *Antiochus III.* (der Große) im vierten syrischen Krieg Ansprüche auf Phönizien und Palästina erhob. Er eroberte das Gebiet, verlor es wieder, mußte es noch einmal erobern. Das von Schlachten umbrandete Jerusalem hatte schon im letzten Krieg die Tributzahlungen an die Ptolemäer eingestellt. Doch gab es noch immer eine starke, den Ptolemäern freundlich gesonnene Partei unter der Führung des obersten Steuerbeamten Judas, Josef ben Tobia. Es kam zu einer Spaltung, denn die Ptolemäerfreunde waren die Reichen. Doch am Ende schwenkte selbst Josef zu den Seleukiden um. Dem Seleukiden Antiochus III. gelang es schließlich, um 200 v. Chr. (198?) die Ptolemäer bei Paneas zu schlagen. Damit fiel ganz Coelesyrien in die Hände der Seleukiden. Ihre Herrschaft dauerte bis zum Jahr 135 v. Chr.

Die Seleukiden belohnten Jerusalem mit manchen Zugeständnissen. Aus dem Besitz des Königs erhielt die Kultgemeinde Opfermaterialien und andere Zuwendungen. Dem Kultpersonal, dem Ältestenrat und den hier zum ersten Mal so bezeichneten Schriftgelehrten räumte Antiochus beachtliche Privilegien wie Steuerfreiheit ein. Bald jedoch warf das Vordringen der Römer einen düsteren Schatten auf die für Jerusalem so positive Entwicklung.

Um 190 v. Chr. fügte das römische Heer bei Magnesia in Kleinasien Antiochus III. eine empfindliche Niederlage zu, die in einem drückenden Friedensvertrag besiegelt wurde. Die Seleukiden verloren sämtliche europäischen und viele kleinasiatische Gebiete an Rom. Ein rapider Niedergang des seleukidischen Staates begann.

Hatte die Jerusalemer Tempelgemeinde zu Lebzeiten Alexanders dem mächtigen Hellenisierungsdruck noch widerstehen können, so machten sich unter den Diadochen starke hellenistische Einflüsse bemerkbar.

Die Ptolemäer teilten das Land in kleine Territorialeinheiten auf, sogenannte Hyparchien oder Eparchien, hebräisch Medinot. Solche palästinensischen Hyparchien waren Judäa, Samaria, Galiläa, Idumäa und Aschdod. In der Küstenebene entstand eine Anzahl autonomer Städte wie Joppe, Aschkelon und Gaza. Vor allem aber im Ostjordanland kam es zu einer Reihe von Stadtgründungen, und alte Städte bekamen neue, nun griechische Namen.

Das griechisch beeinflußte Leben orientierte sich an der Stadt (Polis). Von hier nahm der Hellenisierungsprozeß seinen Ausgang. So ging in der Diaspora von der ptolemäischen Metropole Alexandria eine ungeheure Anziehungskraft aus. Viele Juden zogen hierher und bildeten eine starke jüdische Gemeinde, die auch neue Mitglieder (Proselyten) gewann. In Auseinandersetzung mit der griechischen Philosophie entstand ein reges Geistesleben. Eine Frucht davon ist die Übersetzung des Alten Testaments in die neue Weltsprache Griechisch, die sogenannte Septuaginta, an der in Alexandria seit etwa 250 v. Chr. gearbeitet wurde. Doch auch Jerusalem verwandelte sich nun als hellenistische Militärkolonie ganz in eine hellenistische Stadt mit hellenistischer Verfassung und hellenisierten Aristokratenfamilien. Der Höhepunkt war erreicht, als Antiochus IV. am 6. Dezember 167 v. Chr. im Tempel von Jerusalem einen Altar des olympischen Zeus errichten ließ. Das war der „Greuel der Verwüstung", der im Danielbuch so heftig angeprangert wird (11,31; 12,11) und der zugleich den letzten Anstoß für den Makkabäeraufstand gab.

In der Bibel hat die geistige Auseinandersetzung mit der Welt des Hellenismus vor allem in der jüngeren *Weisheitslite-*

ratur ihren Niederschlag gefunden. Das weisheitliche Denken eignete sich vorzüglich zur Orientierung in Grenzbereichen, wo die aufgeklärte griechische Philosophie die religiösen Überlieferungen des Alten Testaments relativierte oder in Frage stellte. Weisheit war für Israel keine abstrakte Idee, sondern als „praktische Weisheit" eine lebensgestaltende Macht. Sie forschte nach der göttlichen Ordnung in Natur und Gesellschaft und stieß dabei auf den wichtigen Zusammenhang zwischen Tun und Ergehen. Diese Vergeltungslehre verbindet sich im Buch *Ijob* mit der Theodizee. Doch das Problem des unschuldig Leidenden scheint unlösbar. Weise zu sein, bedeutet deshalb nicht nur, „untadelig und rechtschaffen" zu leben und „Gott zu fürchten und das Böse zu meiden" wie Ijob (Ijob 1, 1), sondern auch, das Leiden des Gerechten auszuhalten, wie es die Israeliten in den vielfältigen Bedrückungen getan hatten.

Das eigenartigste Zeugnis der Begegnung griechischer Geisteswelt und hebräischen Denkens findet sich im Buch *Kohelet.* Im Titel gibt es sich als Werk des weisen Königs Salomo aus („Prediger Salomo"). „Windhauch, Windhauch, Windhauch, das ist alles Windhauch", mit dieser Erkenntnis leitet er seine philosophische Betrachtung ein, um nach vielen verschlungenen Irrwegen des Denkens angesichts der Unabänderlichkeit des Todes zu einer eher pragmatischen Lebenseinstellung zu kommen (vgl. Koh 9,7). Gottes Handeln scheint ihm in sich vollkommen zu sein, doch für den Menschen undurchschaubar. Der Verfasser, vermutlich ein Außenseiter der Jerusalemer Oberschicht, lehnt als Lösung des Theodizeeproblems das Weiterleben nach dem Tod bewußt ab.

Das *Buch der Weisheit* (Salomos) ist das griechisch verfaßte Werk eines unbekannten Diaspora-Juden aus Alexandrien, der vor allem mit stoischer Philosophie vertraut war und nun ebenfalls nach einer Synthese mit der hebräischen Geisteswelt suchte. Für ihn ist der Weise zugleich auch der Fromme. Da Gott die Geschichte in Weisheit lenkt, wird der Fromme, wenn er in diesem Leben keine Gerechtigkeit erfahren hat, im Jenseits einen Ausgleich erhalten. Einblick in das Denken einer im großen Weltreich verlorenen frommen Diaspora geben schließlich auch die *Daniel-Legenden* (Dan 1–6). Am Beispiel des babylonischen Exils wird die rechte Lebenseinstellung eines Juden in der Fremde geschildert. Auch in der Atmosphäre fremden höfischen Lebens befolgt Daniel sorgfältig alle Speise- und Reinigungsvorschriften und läßt sich nicht einmal mit Gewalt von der gehorsamen Befolgung des Gesetzes abhalten.

6. Der Makkabäeraufstand und die Hasmonäer

Hasmonäer	*Seleukiden*
	Antiochus IV. Epiphanes 175–164
	Antiochus V. Eupator 164–162
Jonatan 160–142	Demetrios I. Soter 162–150
Simeon 142–134	Alexander I. Balas 153–145
	(145–139/8)
Johannes Hyrkanus I. 134–104	Demetrios II. Nikator 129–125
Aristobulos I. 104–103	Antiochus VII. Sidetes 138–129
Alexander Jannäus 103–76	
Salome Alexandra 76–67	
(Johannes Hyrkanus II.)	
Aristobulos II. 67–63	
Makkabäeraufstand 166–164	
Wiedereinweihung des Tempels 164	

Bibel: 1 u. 2 Makk; Dan

Der Niedergang der Seleukiden erreichte mit *Antiochus IV. Epiphanes* seinen vorläufigen Höhepunkt. Polybios, der zeitgenössische griechische Historiker, erzählt in seinen Annalen, Antiochus habe in dem Ruf gestanden, mit Vorliebe Heiligtümer zu berauben. Im Jahre 165 v. Chr. bot sich ihm die Gelegenheit, den Tempel in Jerusalem zu plündern. Er betrat sogar das Allerheiligste – in den Augen der gesetzestreuen Juden ein ungeheures Sakrileg (1 Makk 1,16–28; 2 Makk 5,15 f.). Wenig später plünderte er die ganze Stadt, verschleppte Frauen und Kinder als Sklaven, verbrannte ihre Häuser und riß die Stadtmauer nieder. Wieder war Jerusalem ein Trümmerfeld; 1 Makk 1,36–40 schildert es mit Trauer.

Antiochus errichtete in Jerusalem ein neues hellenistisches Stadtviertel und begründete auf dem Tempelplatz den Kult des Zeus Olympios und als Gegenstück auf dem Berg Garizim den des Zeus Xenios. Bei Todesstrafe waren den Juden alle kultischen Akte verboten. Weder durften Opfer dargebracht noch der Sabbat gefeiert werden. Die Beschneidung wurde verboten, die heiligen Schriften vernichtet (vgl. 2 Makk 6,1 ff.).

Der Widerstand der Frommen ließ nicht lange auf sich warten. Er kam aus dem Dorf Modein in der Nähe der Stadt Lydda, wo der Priester Mattatias aus dem Geschlecht des Hasmon mit seinen fünf Söhnen Johannes, Simeon, Judas, Eleasar und Jonatan lebte. Mattatias verweigerte nicht nur die von ihm geforderten heidnischen Opfer, sondern tötete sogar einen Juden, der der Forderung nachgegeben hatte, sowie den seleukidischen Beamten. Das war das Signal zum allgemeinen Widerstand. Mattatias floh ins Gebirge und weiter in die Wüste Juda und begann gegen die seleukidischen Truppen und abtrünnigen Juden einen Guerillakrieg zu führen. Als er 166 v. Chr. starb, wurde sein Sohn Judas das Haupt der Bewegung, die man nach dessen Beinamen „Makkab“ (= der Hammer) „Makkabäer“ nannte. Judas gelang es, in drei siegreichen Schlachten bei Bet-Horon, Emmaus und Betsur die Seleukiden zurückzudrängen. Siegreich konnte er im Jahr 164 v. Chr. in Jerusalem einziehen und den geschändeten Tempel am 14. Dezember wiedereinweihen. Bis heute erinnert daran das jüdische Channukkafest. Weitere Feldzüge der Makkabäer nach Galiläa und ins Ostjordanland brachten sie freilich in große Schwierigkeiten. Eine Schlacht gegen die Seleukiden verloren sie, doch ein Friedensangebot des Seleukiden *Antiochus V.* hob am Ende die einschränkenden religiösen Bestimmungen nahezu auf. Das erste Ziel des Makkabäeraufstandes war erreicht.

Doch die Erhebung kam damit nicht zur Ruhe. Nächstes Ziel war es nun, die seleukidische Herrschaft ganz abzuschütteln und politische Unabhängigkeit zu erreichen. Im Jahr 161 (160) begannen die Kämpfe erneut. Zunächst schlug Judas Makkabäus in zwei Schlachten den seleukidischen General Nikanor. Dann aber erlitten die Makkabäer in der Nähe von Jerusalem eine schwere Niederlage, bei der Judas sein Leben verlor. Neuer Anführer der versprengten makkabäischen Scharen wurde sein Bruder *Jonatan.*

In einer Zeit seleukidischer Thronwirren gelang es Jonatan, im Jahr 158 v. Chr. in Jerusalem die Macht zu ergreifen und sich selbst als Hohenpriester einzusetzen. Im Herbst des Jahres 152 wurde er mit seleukidischer Duldung eingeführt – der erste in einer langen Reihe von hasmonäischen Hohenpriestern. Wieder einmal kam es zu Auseinandersetzungen zwischen Seleukiden und Ptolemäern, bei denen die Ptolemäer Jerusalem zum letzten Mal belagerten. Jonatan verstrickte sich im diplomatischen Ränkespiel, geriet in einen Hinterhalt und kam im Jahr 142 ums Leben. Doch war zu der Zeit in Palästina die Hasmonäerherrschaft schon so gefestigt, daß sein älterer Bruder *Simeon* unangefochten an seine Stelle treten konnte und faktisch von Jerusalem aus ganz Palästina beherrschte.

Mit Simeon begann eine neue Glanzzeit, eine Periode des Friedens und der Wohlfahrt. Man begann eine neue Zeitrechnung und ließ Münzen mit neuen Jahreszahlen und hebräischer Aufschrift prägen. Simeon selbst nannte sich „erhabener Hoherpriester, Feldherr und Fürst der Judäer“. In geradezu messianischen Farben malt ein in 1 Makk 14,4–15 überlieferter Hymnus seine Regierungszeit aus.

Doch die Friedenszeit ging jäh zu Ende, als im Jahr 135/34 Simeon einem Attentat seines Schwiegersohnes Ptolemäus zum Opfer fiel. Trotzdem konnte sich als Nachfolger sein

Sohn *Johannes Hyrkanus I.* durchsetzen. Die Dynastie der Hasmonäer begann, obwohl Johannes Hyrkanus selbst den Königstitel noch nicht annahm. Seine Herrschaft blieb nicht unangefochten. Der Seleukidenkönig *Antiochus VII. Sidetes* besetzte Judäa und belagerte Jerusalem. Doch da er von den Parthern selbst schwer bedrängt wurde, brach er die Belagerung ab. Jerusalem kam glimpflich davon, mußte aber die Waffen abliefern und Geiseln stellen. Als Antiochus im Partherkrieg (130–129 v. Chr.) den Tod fand, war Judäa wieder unabhängig und Johannes Hyrkanus souveräner Herrscher unter nur noch nomineller seleukidischer Oberhoheit. Er eroberte Madeba im Ostjordanland und Sichem in Samaria mit dem Heiligtum auf dem Berg Garizim, das er zerstören ließ. Die Idumäer im Süden Judas zwang er zur Annahme der Beschneidung und gliederte sie so in das Judentum ein. Der Machtbereich der Hasmonäer erreichte die Größe des alten davidisch-salomonischen Reiches.

Doch im Inneren stieß die Herrschaft des Hyrkanus auf heftige Opposition. Widerstand kam vor allem von den Pharisäern, die aus der Gruppe der Chasidim, den Frommen, hervorgegangen waren und denen die Herrschaft der Hasmonäer zu weltlich-politisch und zu wenig religiös war. Unterstützung fand Hyrkanus hingegen bei den Sadduzäern, dem reichen Priesteradel, der einen jüdischen Staat nach hellenistischem Muster befürwortete. Wie tief der Zwiespalt bereits war und wieviel Korruption und Gewalttätigkeit sich aufgestaut hatte, erfuhr man, als Hyrkanus 104 v. Chr. starb.

Als Nachfolgerin hatte er seine Frau bestimmt. Doch sein ältester Sohn *Aristobulos I.* bemächtigte sich des Staates, ließ seine Mutter im Gefängnis verhungern und warf seine drei Brüder in den Kerker. Den vierten, Antigonos, ermordete er. Durch Brutalität erreichte er, was er wollte, ließ sich König nennen, starb aber schon im folgenden Jahr (103 v. Chr.). Unter ihm wurde die aramäische Bevölkerung von Galiläa für das Judentum gewonnen.

Den Thron erbte seine Frau Salome Alexandra, die die

Brüder des Johannes Hyrkanus aus dem Gefängnis befreite und einen von ihnen, *Alexander Jannäus,* heiratete und zum König machte. Dieser führte eine Reihe von Kriegen und konnte das Ostjordanland ganz in seinen Besitz bringen. Wiederholt geriet er in Konflikt mit den nabatäischen Königen, die ihr Handelsgebiet vom früheren Edom aus nach Norden ausdehnen wollten und außerdem einen Zugang zum Meer suchten. Als Alexander Jannäus während einer Belagerung im Ostjordanland starb, bemächtigte sich *Salome Alexandra* des Throns. Sie konnte freilich das Amt des Hohenpriesters nicht ausüben und setzte deshalb ihren Sohn ein, der bald als *Johannes Hyrkanus II.* die Regierung antrat. Nach dem Tod der Salome kam es zum Bruderzwist. Hyrkanus jüngerer Bruder *Aristobulos II.* schlug ihn bei Jericho und schloß ihn in Jerusalem ein, so daß er sich zurückzog und auf jede weitere Regierung verzichtete. Unterstützung fand er freilich weiterhin bei dem Sohn des Gouverneurs von Idumäa, Antipatros, der ihn mit Hilfe des nabatäischen Königs Aretas III. vergeblich auf den Thron zurückzubringen versuchte. Die Nabatäer gewährten Hyrkan Asyl und belagerten Jerusalem. Doch da wartete in Damaskus schon der Römer Pompeius und sollte der hasmonäischen Dynastie ein schnelles Ende bereiten. Die römische Stadtrepublik war im Laufe des zweiten Jahrhunderts zur größten Macht in der hellenistischen Welt geworden.

Wie einst Joschija von der Wiedergeburt des Davidreiches geträumt hatte, so schwebte auch den Hasmonäern eine umfassende staatliche Erneuerung Israels vor. Weil die Fundamente des hasmonäischen Königtums schwankend und brüchig waren, konnte diese Erneuerung nicht gelingen. Im Land selbst wie auch außerhalb gab es unüberwindliche Widerstände. In Jerusalem stellte sich jeder politischen Aktivität die Opposition der Frommen, namentlich der Pharisäer, entgegen. Im Gefolge der tiefgreifenden Wandlungen des religiösen Lebens seit dem Exil hatte sich das Schwergewicht immer mehr vom Politischen hin zum Geistig-Religiösen verlagert. Diese Frommen warteten auf den Messias, und Krieg und Politik waren für sie ein Rückfall, eine verhängnisvolle Preisgabe der eigentlichen Mission Israels unter dem Gesetz Gottes. Sie bewegte nicht nur die alte Frage der Propheten nach dem „wahren Israel", d.h. nach den „Gerechten" und den „Jahewetreuen im Land", sondern noch mehr die brennende Sehnsucht nach einer besseren Welt, die sie in unmittelbarer Zukunft vom Eingreifen Jahwes erwarteten.

Das Buch Daniel und die Makkabäerbücher

Eine Antwort fanden sie in den Visionen des Buches *Daniel*, das noch vor der Makkabäererhebung entstanden ist und im Alten Testament die Apokalyptik vertritt. Ihr Verfasser dürfte aus dem Kreis der Chasidim, der Frommen, stammen, die von einer bewaffneten Revolution wie der der Makkabäer nicht viel erwarteten. Ihr Geschichtsbild verrät die Vision vom Menschensohn in Dan 7: Aus dem Meer, Symbol des gesellschaftlichen Chaos, steigen nacheinander vier Raubtiere empor: ein Löwe, ein Bär, ein Panther und schließlich eine undefinierbare Bestie von grausamer Blutgier. Das sind die vier nacheinander die Welt beherrschenden Machtsysteme des damaligen geschichtlichen Horizonts: das babylonische Reich, das Mederreich, das Perserreich und das Reich Alexanders des Großen samt seiner Nachfolgegebilde. Alle diese menschlichen Gesellschaften werden in der Vision vom Feuer vernichtet. Dann erscheint ein neues Symbolwesen, das nicht mehr aus dem Meer heraufsteigt, sondern auf den Wolken des Himmels kommt: der Menschensohn. Er repräsentiert die neue Gesellschaft, die an die Stelle dieser untermenschlich-bestialischen Gesellschaft treten soll. „Menschensohn" steht also für ein ganz andersgeartetes Reich, das Reich Gottes, in dem sich seine Herrschaft durchsetzt und das damit auch zutiefst menschlich ist. Wer gerettet werden will, braucht allein Glaubenstreue und Sehnsucht nach dieser

Herrschaft Gottes. Die Gerechten werden dann in dem neuen Reich als Auferstandene mitherrschen (Dan 12,2f.). Die Hoffnung auf das Reich Gottes und den „Menschensohn“, der es aufrichten wird, wird zu einer wichtigen Interpretationsfigur in der Verkündigung Jesu.

Die Taten der Makkabäer und die Anfänge der Hasmonäerherrschaft schildern die beiden *Makkabäerbücher*, die am Anfang des ersten Jahrhunderts v. Chr. auf dem Höhepunkt der hasmonäischen Herrschaft entstanden sind, 2 Makk vielleicht sogar noch etwas später. Beide berichten keine fortlaufende Geschichte, sondern beschreiben zum Teil dieselbe Periode. Überliefert sind sie in griechischer Sprache, doch dürfte wenigstens 1 Makk ursprünglich hebräisch verfaßt sein. Deutlich spürt man in beiden Büchern den Stolz auf die erreichte Befreiung.

1 Makk erzählt die Vorgeschichte des Hasmonäerstaates von 179 bis 134 v. Chr., dem Jahr der Ermordung Simeons und der Machtübernahme Johannes Hyrkanus' I. Es berichtet sehr zuverlässig, freilich immer mit der Tendenz, die Gesetzesfrömmigkeit und die Leistungen der führenden Persönlichkeiten herauszustellen. Allerdings macht der Autor auch deutlich einen Vorbehalt: Alles sollte nur so lange nach dem Willen der Juden und ihrer Priester geschehen, „bis ein wahrer Prophet auftrete“ (1 Makk 14,41). Offensichtlich schien dem Verfasser das, was die Hasmonäer aus ihrem Staat machten, doch nicht ganz der messianischen Erwartung und der Hoffnung auf das Reich Gottes zu entsprechen.

Auch 2 Makk kann von diesem Vorbehalt gegen die Hasmonäerherrschaft her gelesen werden. Vielleicht sollte die Geschichte von der Rettung Jerusalems durch die Makkabäer, die so ganz an die Charismatiker der Richterzeit erinnert, den Hasmonäern zeigen, wie die von Gott gewollte gesellschaftliche Realität der judäischen Gemeinde eigentlich aussehen sollte, und ihrer machtbesessenen Herrschaft das alte theokratische Ideal entgegensetzen. Nach Auskunft des Vorworts ist 2 Makk ein Auszug aus dem fünf Bücher umfassenden Geschichtswerk des Jason von Zyrene; es ist also ein Zeugnis aus der jüdischen Diaspora. Das Buch endet bereits mit dem Sieg des Judas Makkabäus über Nikanor (161 v. Chr.); der Tod des Judas in der folgenden Schlacht wird schon nicht mehr erzählt. Bei der Glaubensverfolgung durch Antiochus IV. ist zum ersten Mal im Alten Testament von der Auferstehung der Märtyrer und der im Krieg gefallenen Soldaten die Rede (2 Makk 6–7).

7. Palästina unter der Herrschaft der Römer

Hasmonäer	Pompeius 70–48 v. Chr.	*Statthalter in Syrien*
Hyrkanus II. 47–40 v. Chr. Antigonus 40–37 v. Chr. Herodes I. 37 v. bis 4. n.Chr.	Caesar 49–44 v. Chr. Octavius Augustus 29 v.–14 n. Chr.	M. Aemilius Scaurus 63–57 v. Chr. A. Gabinius 57–55 v. Chr. C. Sosius ab 49 v. Chr.
Tetrarchen		*Prokurator in Judäa*
Archelaos 4 v.–6 n. Chr. Herodes Antipas 4. v.–39 n. Chr. Philippus 4. v.–34 n. Chr.	Tiberius 14–37 n. Chr.	Pontius Pilatus 26–36 n. Chr.

Seit der Schlacht von Magnesia (190 v. Chr.) wuchs der Einfluß des Römischen Reiches im Vorderen Orient unaufhaltsam. Hatten sich die Makkabäer mit Rom noch arrangieren und Judas Makkabäus sogar einen Beistandspakt schließen können (1 Makk 8, 17), so sahen die Römer auf dem Höhepunkt der Thronstreitigkeiten in Jerusalem zwischen Hyrkanus II. und Aristobulos II. ihre Stunde gekommen. Sie fegten die Reste des Seleukidenreiches mitsamt den syrischen Klein-

Palästina unter der Herrschaft der Römer

staaten und dem zerstrittenen Hasmonäerreich in Juda hinweg.

Im Jahr 63 v. Chr. zog *C. Pompeius* in Jerusalem ein, belagerte den Tempelbezirk und richtete bei der Eroberung ein Blutband an. Zum Entsetzen der Frommen betrat er dabei das Allerheiligste des Tempels, aber ohne den Tempel selbst zu plündern. Dem Hohenpriester Hyrkanus II. entzog er den Königstitel, beließ ihn aber in seinem Amt. Juda wurde nun römischer Vasallenstaat. Aristobulos kam zunächst in römischen Gewahrsam, versuchte aber später, die Macht zurückzugewinnen. Flavius Josephus beschreibt in den „Jüdischen Altertümern" (Buch 14, 3–16) die wechselvollen Herrschaftsverhältnisse und die blutigen Familiendramen, die sich damals in Jerusalem abspielten.

Aus dem westlichen Teil des Seleukidenreiches – Syrien und Palästina – machten die Römer die Provinz Syria und unterstellten sie M. Aemilius Scaurus als Statthalter, auf den später A. Gabinius folgte. Verschiedene hellenistische Städte in der Küstenebene, im westjordanischen Binnenland (vor allem Samaria) und im nördlichen Ostjordanland (hier vor allem die Dekapolis, ein Städtebund hellenistischer Gemeinden) wurden aus Judäa herausgelöst, das jetzt neben dem Kernland Juda nur noch die Landschaften Galiläa und Peräa umfaßte; dazwischen schob sich wie ein Querriegel der Bezirk Samaria.

Im Jahr 49 v. Chr. setzte sich im römischen Bürgerkrieg C. Julius Cäsar gegen Pompeius durch; ein Jahr später besiegte er ihn bei Pharsalus. Pompeius mußte fliehen und wurde in Ägypten ermordet. Die beiden in Palästina führenden Männer Hyrkanus II. und sein Ratgeber Antipater hatten sich rechtzeitig auf die Seite Cäsars gestellt. Hyrkanus bekam daraufhin als Belohnung die Hohepriesterschaft als erbliches Amt und wurde zum Ethnarchen und „Bundesgenossen und Freund des römischen Volkes" ernannt. Der Idumäer Antipater wurde als Prokurator der höchste Verwaltungsbeamte in Judäa und erhielt das römische Bürgerrecht.

Die Jerusalemer Tempelstadt bekam eigene Gerichtsbarkeit.

Die Ermordung Cäsars 44 v. Chr. änderte auch im fernen Judäa die Machtverhältnisse. Einer der Mörder, Cassius Longinus, wurde Statthalter der Provinz Syria. Der Prokurator Antipater fiel einem Mordanschlag zum Opfer. Seinem klugen und zugleich verwegenen Sohn Herodes gelang es, das Vertrauen der Römer zurückzugewinnen. M. Antonius, der im Jahr 42 die Herrschaft über den östlichen Teil des Römischen Reiches angetreten hatte, ernannte jetzt Herodes und seinen Bruder Phasael zu Tetrarchen.

Als die Parther im Jahr 40 Syrien eroberten, setzten sie einen Sohn des Aristobulos, *Antigonus II.*, zum König und Hohenpriester ein. *Herodes* mußte sich auf der Festung Masada in Sicherheit bringen und floh weiter nach Rom. Dort ernannte ihn der Senat formell zum König in Judäa, eine Herrschaft, die er sich freilich mit Hilfe des neuen Statthalters der Provinz Syria, C. Sosius, erst erobern mußte. Antigonus fand dabei den Tod. In seiner nun folgenden langen Regierungszeit (37 v.–4 n. Chr.) baute Herodes dank seines politischen Geschicks ein relativ selbständiges Staatsgebilde auf, dessen Territorium bald so groß war wie einst das der Hasmonäer. Er war frei von allen Tributzahlungen und in der inneren Verwaltung selbständig.

In nahezu allen Landesteilen entfaltete Herodes eine große Bautätigkeit. Neue Städte wie Cäsarea und Antipatris ließ er errichten und alte verschönern. Samaria baute er glanzvoll aus und nannte es zu Ehren des römischen Kaisers „Augustusstadt“ (= Sebaste). Als Krönung errichtete er einen Augustustempel, dessen Freitreppe noch heute erhalten ist. Selbst die Reste der Festungen, die er u. a. in Jerusalem, Alexandreion, Kypros, Masada, Herodeion und Machärus errichtete oder ausbaute, machen noch immer gewaltigen Eindruck. Von der Herrlichkeit des Tempels in Jerusalem, den er auf das Doppelte vergrößerte und prächtig ausstattete, zeugen noch heute die gewaltigen Steinquader an der Westmauer, der sogenannten „Klagemauer". Die alte Akra an der Nordwestecke des Tempels baute er zur Burg Antonia aus, von wo aus der ganze Tempelplatz überwacht werden konnte.

Auf der anderen Seite regierte Herodes mit Gewalt und Terror. Ungeachtet der „Pax Romana" des Augustus hat sein Wirken eine tiefe Blutspur hinterlassen. Nicht umsonst schreibt ihm die biblische Legende im Matthäusevangelium auch den Kindermord von Betlehem zu. Tatsächliche oder mutmaßliche Gegner ließ er umbringen. Er verschonte dabei weder seine eigene Familie noch die der Hasmonäer. Seinem nahezu krankhaften Haß und Mißtrauen fielen seine Schwiegermutter Alexandra, seine Frau Mariamne, seine Söhne Alexander, Aristobulos und Antipas und schließlich die Hohenpriester Hyrkanus und Aristobulos zum Opfer. Das Land atmete auf, als der von den Judäern stets als Ausländer empfundene Idumäer und Römerfreund nach schmerzvoller Krankheit, bei der er an den heißen Quellen von Zerka Majin am Toten Meer Linderung gesucht hatte, in Jericho starb. Im Herodeion, seiner Fluchtburg bei Betlehem, wurde er begraben. „Wäre es dem Volk und dem König vergönnt gewesen, einander zu verstehen, so würde die Regierung des Herodes im Gedächtnis des Volkes einen Ehrenplatz einnehmen" *(A. Schalit)*.

Wie nicht anders als einst bei David waren die letzten Jahre des Herodes von Streitigkeiten um seine Nachfolge überschattet. Immer wieder hat er aufgrund von Intrigen und Verschwörungen sein Testament geändert und im dritten Testament schließlich verfügt, daß sein Land unter seinen jüngeren Söhnen aufgeteilt werden solle. Das geschah auch mit römischer Billigung, und die vier herodianischen Nachfolgestaaten entstanden. Der größte Teil entfiel auf Archelaos, der den Königstitel bekam und Ethnarch über Judäa, Idumäa und Samaria wurde. Der im Neuen Testament als Landesherr Jesu erwähnte Herodes Antipas (4 v. Chr.–39 n. Chr.) erhielt Galiläa und Peräa. Seine Residenzstadt Tiberias am

See Gennesaret baute er prachtvoll aus. Das Lukasevangelium berichtet, unterwelch demütigenden Umständen Johannes der Täufer durch ihn den Tod fand. Tetrarch über das nördliche Ostjordanland wurde Philippus (Lk 3,1). Seine Schwester Salome erhielt drei Städte.

Aufgrund neuer Unruhen in Palästina griff der Statthalter von Syrien, Varus, ein und ließ 2000 rebellische Juden kreuzigen. Archelaos wurde 6 n. Chr. von Augustus ins gallische Vienne (südlich von Lyon) verbannt. Sein Herrschaftsgebiet Judäa wurde jetzt als ein eigener „Tempelbezirk" unter hohepriesterlicher Verwaltung einem Prokurator („Landpfleger") unterstellt, der militärische, finanzielle und richterliche Funktionen besaß und in Cäsarea residierte. Der bekannteste war Pontius Pilatus (26–36 n. Chr.).

Doch keiner der Herodessöhne besaß das Format des Vaters. So wuchs der Haß gegen die Herodianer und traf nicht zuletzt auch die ihre Herrschaft stützenden Römer, die drückende Steuern eintrieben und alle nationalen und religiösen Hoffnungen Israels mit dem Gewicht ihrer Macht erdrückten. Diese Hoffnungen und Haßgefühle schufen sich in verschiedenen Parteien und Sekten ein „Ventil".

Parteien und Sekten

Die Anfänge der *Pharisäer* (hebr. paraš = trennen, absondern) reichen bis ins zweite vorchristliche Jahrhundert zurück. Ihre Vorläufer waren die in 1 Makk 7,13 erwähnten Chasidim. Die Pharisäer waren bürgerlich: Handwerker, Kaufleute und Bauern, unterstützt von Vertretern der Weisheit und Schriftgelehrsamkeit. Im Mittelpunkt ihres Lebens stand das von den Schriftgelehrten gültig ausgelegte Gesetz, das sie bis in alle Einzelheiten genauestens zu erfüllen trachteten. Zweimal in der Woche fasteten sie, um für Israel Heil zu erflehen, waren aber auch sonst zu einem einfachen Leben angehalten. Ihre religiösen Vorstellungen versuchte die Pharisäerpartei auch politisch durchzusetzen, blieb damit freilich immer in der Opposition.

Anders die *Sadduzäer,* deren Name mit dem hebräischen ṣaddīq = gerecht zusammenhängt. Sie waren eine Herrenpartei, politisch und religiös konservativ. Das geschriebene Gesetz der Tora war für sie die einzige Rechtsnorm, jede weitere Entwicklung lehnten sie ab.

Schließlich gab es eine radikalere, ordensähnliche Gemeinschaft, die *Essener,* die als die „Armen Jahwes" die Reinigung und Heiligung des ganzen Menschen anstrebten. Tauf- und Reinigungsriten standen bei ihnen im Vordergrund; Schriftstudium, Gebet und Handarbeit prägten ihren Tagesablauf. Bezeichnend für sie war ein Gemeinschaftswille, wie man ihn später auch in der christlichen Urgemeinde findet: Miteinander pflegten sie die Mahl- und Gütergemeinschaft und warteten auf das Reich Gottes, das von zwei Messiasgestalten angeführt werden sollte: einem königlichen und einem priesterlichen Messias. Vermutlich zählte das in Qumran am Westufer des Toten Meeres 1947 entdeckte Wüstenkloster mit seinen berühmten Handschriftenfunden zu diesem Kreis. Manche bringen auch Johannes den Täufer mit Qumran in Verbindung. Die aufgefundene „Gemeinderegel" legt von dem Ernst dieser Leute, hier in der Einsamkeit Gottes heilige Gemeinde aufzubauen, Zeugnis ab (vgl. Gemeinderegel 1, 1–10).*

Am deutlichsten prägte sich die Sehnsucht nach einer gerechten Gesellschaft und der Durchsetzung des wahren Gottes in der Welt in den *apokalyptischen Bewegungen* aus. Diese betrachteten alles in der Welt, selbst das Positivste der Vergangenheit Israels, als letztlich verloren und überholt und rechneten in unmittelbarer Zukunft mit einer völligen Umwandlung der Wirklichkeit von Gott her. Man wartete auf das Hervortreten des Königtums Gottes und malte die Gottesherrschaft in einer Fülle von Schriften aus. Am bekanntesten davon ist die umfangreiche Henoch-Literatur geworden.

---

* Zur heute stark diskutierten Qumran-Frage siehe *Hartmut Stegemann,* Die Essener, Qumran, Johannes der Täufer und Jesus. Ein Sachbuch. Freiburg i.Br. [6]1997.

Erstaunlich ist die weltweite Ausbreitung und zahlenmäßige Stärke des Judentums in den großen Städten des Römischen Reiches. So nennt Philo für Ägypten die Zahl von einer Million. In der nach Rom zweitgrößten Stadt und größten Handelsmetropole Alexandria mit ihrer zwischen einer halben und einer Million geschätzten Einwohnerzahl bewohnten die Juden zwei von fünf Stadtteilen und besaßen das volle alexandrinische Bürgerrecht. Sehr viele Juden, nach Josephus sogar die meisten außerhalb Palästinas, lebten in Syrien, vor allem in Antiochia, der drittgrößten Stadt des Römischen Reiches, aber auch in Damaskus. In Kleinasien wohnten nach Philo in jeder Stadt zahlreiche Juden, besonders viele aber in Phrygien und Lydien, wo Antiochus der Große 2000 jüdische Familien aus Babylonien zur Sicherung des Gebietes gegen Aufstände angesiedelt hatte. Über das (wie ebenfalls in Ägypten) schon mehr als ein halbes Jahrtausend alte Diasporajudentum in Babylon weiß man hingegen nur wenig. Zwei weitere Regionen, wo viele Juden wohnten, waren die Zyrenaika in Libyen und Rom. Dort bestanden sogar persönliche Beziehungen bis zum Kaiserhof. Das gesamte Judentum außerhalb Palästinas hat man auf vier bis sechs Millionen geschätzt. Dazu kommen noch eineinhalb bis zwei Millionen in Judäa, so daß das Judentum im Römischen Reich gut ein Zehntel aller Einwohner stellte. Ursache dieser weiten Verbreitung der Juden waren einerseits die vielen Deportationen im Laufe der Geschichte, andererseits auch freiwillige Auswanderung in der Zeit des Friedens und wirtschaftlichen Aufschwungs in der hellenistisch geeinten Welt. Die zahlenmäßige Stärke der Juden hatte vor allem drei Ursachen: Kinderreichtum, eine relativ günstige soziale Lage und Übertritte zum Judentum.

Die Juden galten im Römischen Reich als Inhaber des Jerusalemer Bürgerrechts, womit das Recht verbunden war, die überkommene Religion und Sitte auszuüben („religio licita“). Da die Vorschriften der Tora das gesamte Alltagsleben umfaßten, genossen sie ein weitgehendes Maß an Selbstbestimmung und waren auch vom Militärdienst befreit. Während die Juden im Rahmen der heidnischen Städte sonst als privilegierte Fremdbürger betrachtet wurden, waren sie in Alexandrien und Antiochien unter Führung der Gerusia oder eines Ethnarchen zu einem Politeuma zusammengeschlossen, das gewissermaßen ein Staat im Staate der autonomen Polis darstellte und hinsichtlich der bürgerrechtlichen Stellung als gleichberechtigt galt. Die meisten Juden waren im Handel und Handwerk tätig. Sicherlich gab dieses hohe Maß an Gleichberechtigung wirtschaftliche und soziale Sicherheit, erlaubte aber zugleich auch eine starke Assimilation bis hin zur vollständigen Abkehr von der Religion der Väter.

Überall, wo eine gewisse Anzahl von Juden wohnte, fanden sich Synagogen, damals Proseuchen genannt. Schon im dritten und zweiten Jahrhundert v. Chr. sind sie für Ägypten bezeugt. Berühmt war die Pracht der riesigen Hauptsynagoge von Alexandria. Hauptinhalt des synagogalen Gottesdienstes war die Toralesung, die zur Zeit Jesu in griechischer Sprache gehalten wurde. Hierher gehören auch Frühformen des „Achtzehnbittengebets“. Außerhalb des Gottesdienstes war das Leben der Juden in der Diaspora ebenso wie in Palästina von den Vorschriften der Tora und der Tradition bestimmt. Einerseits sonderte das die Juden streng von der heidnischen Umwelt ab, andererseits verband es sie über alle Grenzen hinweg zu einer sehr festen, weltweiten Gemeinschaft.

Das in jeder Hinsicht beherrschende Zentrum des Diasporajudentums war Jerusalem. Jeder Jude wandte sich bei seinen täglichen Gebeten in Richtung auf Jerusalem hin. Jeder männliche Jude der ganzen Welt zahlte seine jährliche Tempelsteuer. Ebenso stark war aber auch die Bindung an die Jerusalemer Lehrautoritäten, ja die herodianischen Könige waren als Sprecher des Diasporajudentums von der römischen Macht praktisch anerkannt. Doch da die herrschenden Kreise der Pharisäer politische Macht ablehnten, war der von Jerusalem ausgehende Einfluß im wesentlichen religiös bestimmt.

Die hellenistische Welt war ein gewaltiger Schmelztiegel der Kulturen, die große Zeit des Synkretismus, in den sich das Judentum mit seiner scharfen Kritik an allen nichtjüdischen Religionen freilich ganz und gar nicht einfügte. Mit seinem strengen Monotheismus und einer starken, durch die Tora geregelten Alltagsfrömmigkeit war es den anderen orientalischen Religionen überlegen und besaß eine große Anziehungskraft. So findet man in der Diaspora eine missionarische Hinwendung zu den Völkern, die es so in Judäa anscheinend nicht gegeben hat. Angestrebt wurde an sich der volle Übertritt des Heiden zum jüdischen Glauben, seine Gewinnung zum Proselyten. Eine Aufnahme in die privilegierte und über die ganze Welt verbreitete Judenschaft mit ihrem starken Solidaritätsbewußtsein konnte z. B. für Handelsleute von großem Vorteil sein. Von den Proselyten zu unterscheiden sind die „Gottesfürchtigen" (griech. *„sebomenoi"*), von denen verschiedentlich in Lk und Apg die Rede ist. Diese waren zwar nicht Mitglied der jüdischen Kultgemeinde, nahmen aber an den Gottesdiensten teil und befolgten die jüdischen Sabbat- und Speisegebote. Doch eine regelrechte Heidenmission mit Aussendung von Glaubensboten war dem Judentum unbekannt.

Während man in der vormakkabäischen Diaspora hören konnte, daß Jahwe und Zeus nur verschiedene Namen für ein und denselben Gott seien, und auch nirgends besondere Schwierigkeiten im Zusammenleben mit den Heiden bekannt werden, begannen um die Mitte des zweiten Jahrhunderts v. Chr. die Juden überall um die ungehinderte Ausübung ihrer Religion zu ringen. Eine erste Welle des hellenistischen Antisemitismus ging von Alexandrien aus, wo die Juden wegen ihrer loyalen Haltung der herrschenden Autorität gegenüber als Günstlinge der Ptolemäer, später der Römer galten.

Die Forderungen des Kaiserkults verschlechterten ihr Verhältnis zu Rom freilich rapide, vor allem unter Kaiser Caligula (37/38 n. Chr.).

Sein Nachfolger, Kaiser Claudius, stellte die Rechte der Juden teilweise wieder her, doch schwelte der Antisemitismus in Alexandria und Rom wie auch in anderen Teilen des Römischen Reiches weiter, bis es nach der jüdischen Niederlage des Jahres 70 n. Chr. erst zu größeren Verfolgungen und schließlich in den Vernichtungskämpfen der Jahre 115–117 fast zur vollständigen Auslöschung des Diasporajudentums in der Zyrenaika, in Ägypten und auf Zypern kam.

Die biblischen Erzählungen aus dieser Zeit versuchen, die für die Diasporagemeinden bedrängenden Fragen aufzugreifen. Anders als im „offiziellen" Judentum ist es dabei nun auch möglich, ganz neue Schichten menschlichen Denkens, Fühlens und Handelns aufzugreifen wie den Engel- und Dämonenglauben, Volksmedizin, Wundergeschichten, Themen wie schöne Frauen, Heirat, Tod usw. So zeigt die märchenhafte *Jona-Erzählung*, wie sich Jahwe auch anderen Völkern zuwendet, ohne jedoch an sie dieselben gesellschaftlichen Forderungen zu stellen, die er an Israel stellt. Ergänzend schildert das Buch *Rut* die nun auch für Israel notwendige Bereitschaft zur Integration fremder Menschen (= Proselyten) in den eigenen Sozialverband. Ein anderes drängendes Problem war die Isolation der einzelnen jüdischen Gemeinden innerhalb des weiten Römischen Reiches. Hier zeigt die Susanna-Erzählung in Dan 13 beispielhaft die Gefährdung einer Gemeinde nicht von außerhalb, sondern durch die Verderbtheit in den eigenen Reihen. Die Rettung geschieht durch eine *einzelne*, tugendhafte, ungerecht angeklagte und zum Tod bereite Frau, die die Einmütigkeit wiederherstellt. Oder das Buch *Tobit:* Die Isolation einer Familie in der überwältigend weiten und mächtigen Welt, in Krankheit und Verfolgung wird durch den Engel Gottes überwunden. Ein dritter Problemkreis in der Diaspora verband sich mit der Konfrontation der kleinen jüdischen Gemeinden mit einem

Weltreich. Unter diesem Gesichtspunkt lassen sich die Bücher *Judit* und *Ester* sowie die *Danielerzählungen* lesen. Während ersteres eine Art Umsetzung apokalyptischer Visionen in eine hellenistische Moritatengeschichte ist, stellen die beiden anderen, bei Hof angesiedelten Erzählungen die Frage, wieweit das „Weltreich" von seinem Zentrum her für die Sache Gottes gewonnen werden kann. Wie das Wirklichkeit werden kann, liest man am Schluß: „Der König ist Jude geworden" (Dan 14,28).

Die außerbiblische Diaspora-Literatur ist vor allem auf dem Hintergrund wachsender Judenfeindlichkeit zu sehen. Das erklärt ihren überwiegend apologetischen Charakter. So stellen die *jüdischen Sibyllinen*, eine Sammlung heidnischer, jüdischer und christlicher Sprüche, die jüdische Gottesverehrung als die allein reine und heilige heraus, während alle heidnischen Kulte als vollkommen gottlos und unheilbringend geschildert werden. Ähnlich auch der *„Aristeasbrief"*, eine Fälschung um 100 v. Chr., der die angebliche Judenfreundlichkeit König Ptolemäus' II. Philadelphos als leuchtendes Beispiel vorstellt. Zum Höhepunkt der Apologetik zählt eine Schrift des Flavius Josephus, *„Contra Apionem"*, eine Antwort an den antisemitischen Schriftsteller Apio, die das ehrwürdige hohe Alter des jüdischen Volkes nachweist. Der größte Vorkämpfer und Verkünder des Diasporajudentums war *Philo von Alexandrien* (15 v. Chr. – 45 n. Chr.). In seinen Hauptwerken widmet er sich ausnahmslos der Interpretation der Tora, stets mit dem Ziel, das Judentum „werbewirksam" darzustellen. Immer wieder zeigt er Zusammenhänge zwischen Gottesverehrung und Tugendleben. Seine Überzeugung ist, daß die ganze Menschheit durch die Befolgung der Tora zur höchsten Glückseligkeit gelangen könnte. Mit seinen zahlreichen historischen und philosophischen Schriften beteiligte sich Philo an der gebildeten hellenistischen Diskussion seiner Zeit und gab dabei anderen Juden ein Beispiel, wie man als Jude die hellenistische Bildungswelt positiv aufnehmen konnte. In der Übersetzung der biblisch-

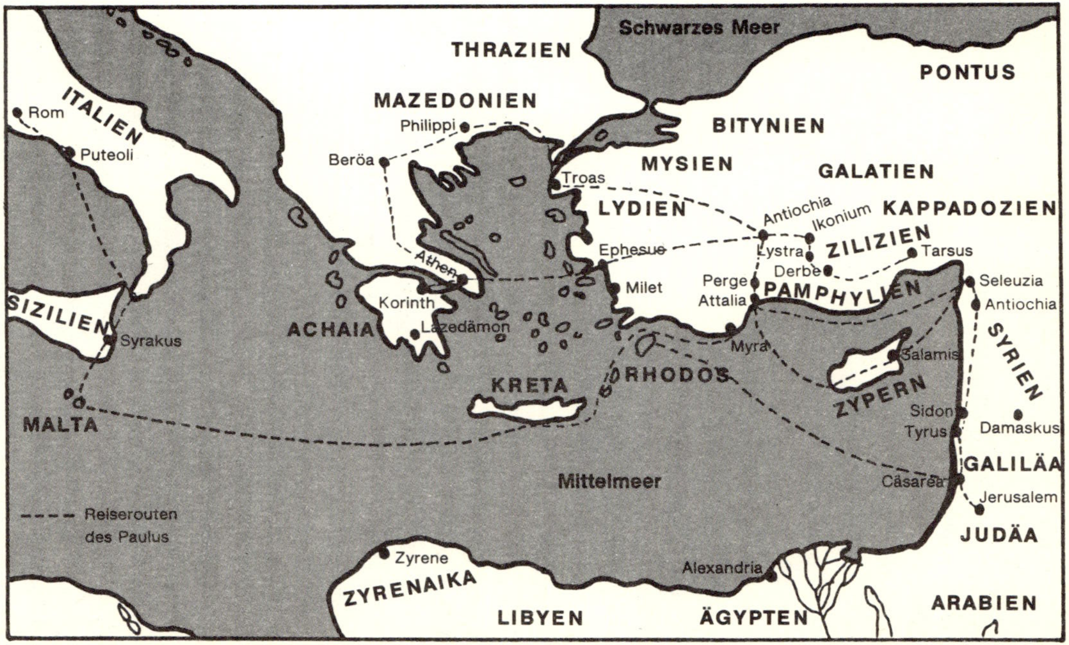

Die Ausbreitung des Christentums

jüdischen Verkündigung in die Sprache des Hellenismus liegt ein entscheidender Beitrag des Diasporajudentums.

Jesus von Nazaret und die Anfänge des Christentums

In den Rahmen der Parteien und Sekten in Judäa und Jerusalem läßt sich zunächst auch die Bewegung, die der Wanderprediger Jesus von Nazaret ins Leben gerufen hatte, einordnen. Die zeitgenössische Geschichtsschreibung nahm keine Notiz von ihm, nicht einmal Flavius Josephus (Vers 3, 3 in Buch 18 der „Jüdischen Altertümer" stammt von späterer Hand), und um den historischen Wert der Evangelienüberlieferung ist oft gestritten worden. Tatsache ist, daß es sich bei letzteren (wie bei allen Texten der Bibel) um Glaubenszeugnisse handelt und nicht das historische Interesse im modernen Sinn im Vordergrund steht. So geht es den vier Evangelien (Mt, Mk, Lk, Joh) zunächst darum, den Glauben der Urkirche an den gekreuzigten und auferstandenen Herrn festzuhalten, dann aber auch, diesen Glauben zu wecken. Andererseits dürfte kaum ein Leben aus der Alten Welt so umfassend beschrieben sein wie das Leben Jesu. Die Evangelisten bzw. ihre Gewährsleute waren Augen- und Ohrenzeugen (vgl. Lk 1, 1–4) und lebten in einer so engen zeitlichen Nähe zu den Ereignissen, daß ihre geschichtlichen Nachrichten durchaus Glaubwürdigkeit verdienen. Gerade hier hat die frühe Kirche einen sehr klaren Trennungsstrich gezogen und sich von sogenannten apokryphen Evangelien distanziert.

Die Anfänge des Lebens Jesu sind eine biblische Konstruktion. Irgendwann in den letzten Regierungsjahren Herodes I. wird er geboren sein, also noch vor dem Jahr 4 v. Chr. Die Verbindung seiner Geburt mit dem römischen Zensus (Lk 2, 1) ist historisch nicht greifbar. Als junger Mann sammelte er im Grenzgebiet des Sees Gennesaret erste Jünger um sich, verkündete den Anbruch der Königsherrschaft Gottes und rief zur Bekehrung auf (vgl. Mk 1, 15). Seine Jünger stammten teilweise schon aus anderen Bewegungen, etwa aus dem Kreis Johannes' des Täufers. Mit der prophetischen Zeichenhandlung der Einsetzung der zwölf Apostel (Mk 3,13–19 par.) knüpfte Jesus bewußt an die Zwölfzahl der Stämme Israels an. Ihm ging es also keineswegs um einen Ersatz oder gar um eine Ablösung, sondern um die Sammlung und Wiederherstellung des zerstreuten und verlorenen Israels. Auf diesen Anspruch Jesu weist auch das breite Spektrum innerhalb des Jüngerkreises hin, das vom Zöllner Matthäus bis hin zum Zeloten Simon reichte, aber ebenso auch seine besondere Hinwendung zu den Frauen sowie den Kranken. Wo das Reich Gottes anbricht, durfte niemand ausgeschlossen sein, weder die Außenseiter noch die Sünder, noch die Kranken.

Wie einst die alte Gesellschaftsordnung der Tora vom Berg Sinai verkündet worden war, so proklamierte auch Jesus seine Gesellschaftsordnung in einer „Bergpredigt" (Mt 5,1 – 7,29; Lk 6,20–49). Kernpunkt seiner Gesellschaftsordnung waren Gewaltverzicht und Absage an alle menschlichen Herrschaftsverhältnisse (Mk 10,42–45). Was Jesus forderte, war kein Staat, auch nicht ein „theokratischer Staat", wie er der Jerusalemer Tempelgemeinde vorschwebte, sondern ein Volk Gottes, das aufgrund seiner Erwählung und Berufung zu den von Gewalt- und Herrschaftswillen geprägten Gesellschaften der Welt in scharfem Kontrast steht. Deshalb galt es auch bis zuletzt, viele Mißverständnisse seiner Lehre auszuräumen. So hegten die einen national-religiöse Hoffnungen und glaubten, Jesus werde der Römerherrschaft ein Ende machen und einen neuen, selbständigen Staat schaffen. Sie hofften auf einen politischen Messias. Doch ist es historisch durchaus fraglich, ob sich Jesus je zu dem höchst mißverständlichen und vieldeutigen Messiastitel bekannt hat. Von allen Gruppen standen ihm die Pharisäer am nächsten. Doch da sich Jesus offenbar besonders den „Armen" und Außenseitern der Gesellschaft zuwandte, die wegen ihrer Gesetzesunkenntnis und der Unfähigkeit, es einzuhalten, verachtet waren, verstieß er gegen die Reinheitsvorstellungen der Pharisäer, die Reinheit mit Heiligkeit gleichsetzten, und zog sich ihre Ablehnung zu. Die offiziellen Vertreter beschuldigten ihn der Gotteslästerung. Angesichts der explosiven Lage im Jerusalem der Herodianer machte das Synedrium kurzen Prozeß, verurteilte ihn zum Tod, und der Prokurator Pontius Pilatus ließ ihn am Tag vor dem Paschafest, vermutlich im Jahr 27 (30), hinrichten. Die Kreuzigung war die schimpflichste und qualvollste Form der Todesstrafe.

Nach der Auferstehung Jesu und der Geisterfahrung am Pfingstfest haben die Jünger die von ihm ins Leben gerufene Sammlungsbewegung wieder aufgenommen und sich dabei als das wahre Israel verstanden. Das brüderliche Leben der Urgemeinde in Jerusalem schildern Apg 2,43–47 und 4,32 – 5,42. In der Weltstadt Antiochia begegneten sie zum ersten Mal dem Hellenismus und wurden hier Christen genannt (Apg 11,26). Die Apostelgeschichte dokumentiert aber auch den allmählichen Ablösungsprozeß der ursprünglich jüdischen Sekte von Israel. Von Anfang an erfuhr ihre Mission Widerspruch und Verfolgung. Von Jerusalem aus ging Stephanus, einer der sieben Diakone, nach Judäa; der Apostel Philippus missionierte erfolgreich in Samaria, wo er auch taufte. Die Aufnahme der Johannestaufe sollte ebenfalls der endzeitlichen Sammlung des Gottesvolkes Israel dienen. Wegen „Lästerung gegen Mose und Gott" mußte sich Stephanus vor dem Synedrium verantworten und wurde zum Tode durch Steinigung verurteilt, der erste Märtyrer der jungen Kirche. Seine große Verteidigungsrede (Apg 7,1–53), ein geschichtlicher Abriß von Abraham über Mose bis zum Zweiten Tempel, zeigt, daß Gottes Gegenwart und sein Handeln an Israel nicht an Palästina gebunden sind.

Einen Wendepunkt für die junge Kirche brachte im Jahr 47/(50) das „Apostelkonzil" (Apg 15,1–35), eine Versammlung der Apostel und Ältesten mit der Jerusalemer Gemeinde, in der es vor allem um die Frage der Beschneidung von Heidenchristen ging. Hier hatte im „antiochenischen Zwischenfall“ Petrus eine restriktive Position vertreten (vgl. Gal 2,1–10). Aufgrund einer Intervention des Herrenbruders Jakobus wurde nun die gesetzesfreie Heidenmission durchgesetzt und durch die Apostel legitimiert. „Damit die übrigen Menschen den Herrn suchen“ (Apg 15,7), wurde die Sammlung Israels durch die Heidenmission abgelöst. Nur noch drei jüdische Gesetzesbestimmungen sollten auch für Nichtjuden bindend sein: das Verbot von Götzendienst, Unzucht und Blutvergießen.

Damit war der Weg frei vor allem für den großen Heidenmissionar und Diasporajuden *Paulus* von Tarsus, der sich um das Jahr 30 (33) vor Damaskus zu Christus bekehrt hatte und noch vor dem Apostelkonzil, ab dem Jahr 34 (37), gemeinsam mit Barnabas eine erste „Missionsreise“ in die jüdische Diaspora Syriens und Ziliziens unternommen und dort eine Reihe christlicher Gemeinden gegründet hatte (vgl. Apg 13–14).

Nach dem Apostelkonzil traten Petrus und die übrigen Apostel nicht mehr in Erscheinung; in Jerusalem übernahmen Jakobus und die Ältesten die Gemeindeleitung (vgl. Apg 21,18). Doch im Mittelpunkt stand nun nicht mehr Jerusalem, sondern die Heidenmission in Syrien und Kleinasien. Seine zweite Missionsreise – zwischen 48 (51) und 52 (55) – führte Paulus nach Athen und Korinth (Apg 15,36 – 18,22), die dritte zwischen 53 und 58 vor allem nach Ephesus, aber auch wieder nach Mazedonien und Achaia (Apg 18,23 bis 21,17). In den Städten, in denen Synagogen waren, entstanden nun auch christliche Gemeinden, mit denen Paulus auch später noch durch teilweise im Neuen Testament gesammelte Briefe in Verbindung blieb. Innere Voraussetzung für diese starke und rasche Ausbreitung des Christentums war die jüdische Diaspora. Nach seiner Rückkehr nach Jerusalem wurde Paulus wegen „Unruhestiftung“ gefangengenommen und mußte sich nicht nur vor dem Synedrium verantworten, sondern auch vor den römischen Prokuratoren Felix und Festus in Cäsarea sowie vor dem jüdischen König Agrippa II. Weil Paulus aufgrund seines römischen Bürgerrechts an den Kaiser appelliert hatte, wurde er als Gefangener nach Rom gebracht (um 59/60 oder 60/61 vgl. Apg 27,1 – 28,16). Auch hier fand Paulus eine starke jüdische Gemeinde vor, deren „Erste" er nach seiner Ankunft zusammenrief. Doch wird er auch schon eine christliche Gemeinde vorgefunden haben. Sein weiteres Schicksal liegt im dunkeln; wahrscheinlich fand er in der Verfolgung unter Kaiser Nero in den ersten Jahren nach 60 den Tod. Von dem Wachstum der jungen Kirche legen nicht nur die Apostelgeschichte und die Evangelien Zeugnis ab, sondern auch eine Reihe von echten oder zugeschriebenen Apostelbriefen, die miteinander den Grundstock der Sammlung des Neuen Testaments bildeten und durch die Aufnahme der Johannes-Apokalypse ergänzt wurden.

Die Trennung der Kirche von Israel und damit vom Judentum hatte verschiedene Ursachen. Einmal stand dahinter die eigene Erfahrung Jesu, daß die führenden Schichten seines Volkes ihn und seine Botschaft wegen des damit verbundenen Anspruchs weithin ablehnten; ferner die Erinnerung an das bittere Ende Jesu, gegen den das jüdische Synhedrium mit Erfolg einen Prozeß bei Pontius Pilatus angestrengt hatte, der zu seiner Kreuzigung führte. Dazu kam die nachösterliche Missionserfahrung der Urkirche, die sie erkennen ließ, daß die Mehrheit der Juden auch jetzt von Jesus und vom Evangelium nichts wissen wollte. Auch die Verfolgungen der Urkirche durch Juden, von denen die Apostelgeschichte immer wieder berichtet, mögen eine Rolle gespielt haben. Hinzu kamen schließlich die christologischen, soteriologischen und kultischen Überzeugungen der Urkirche, die die Juden nicht mitmachen konnten und die besonders im soteriologischen Bereich durch die theologische Arbeit des Paulus – Rechtfertigung des Menschen „nicht aus Werken der Tora", sondern allein aus dem Glauben an den gekreuzigten und auferstandenen Christus – zur Trennung der Kirche von Israel führen mußten. Andererseits hat Paulus das Wissen um die Abhängigkeit der Christen vom Judentum nie aufgegeben. In Röm 9–11 reflektiert er über ihre unlösbare Verbundenheit und zeigt im Gleichnis vom Ölbaum, daß es auch für Christen kein Heil gibt, bei dem von der „Wurzel“, d.h. der Geschichte Israels, abgesehen werden kann.

8. Die beiden jüdischen Aufstände

Hasmonäer	*Röm. Prokuratoren in Judäa*	*Röm. Kaiser*
Agrippa I. 41–44	Ventidius Cumanus 48–52	Caligula 37–41
Agrippa II. 44–100	Antonius Felix 52–60	Claudius 41–54
	Porcius Festus 60–62	Nero 54–68
1. jüd. Aufstand	Albinus 62–64	Galba, Otho, Vitellius
66–70/74	Gessius Florus 64–66	68/69
Fall Jerusalems 70		Vespasian 69–79
Fall Masadas 74		Titus 79–81
		Domitian 81–96
2. jüd. Aufstand		Nerva 96–98
132–135		Traian 98–117
(Bar Kochba)		Hadrian 117–138

Noch einmal gelang es einem Herodianer, einem Enkel Herodes' des Großen, *Agrippa I.,* die Macht in Palästina auf sich zu vereinen und Judäa fast auf die alte Größe auszudehnen. Die Apostelgeschichte nennt ihn Herodes. Im Jahr 42 veranlaßte Agrippa eine Christenverfolgung, bei der der Apostel Jakobus umkam (Apg 12,1–19). Von Rom erhielt der von seinem Charakter her verschwenderische und selbstherrliche Herodianer sogar den Königstitel. Durch geschicktes Lavieren überstand er die Herrschaft des Caligula in Rom mit der Verschärfung des Kaiserkults. Auch im Tempel von Jerusalem sollte jetzt mit der Aufstellung eines Kaiserbildes der römische Kaiserkult eingeführt werden. Daß Agrippa das verhindern konnte, trug ihm die Sympathie der Pharisäer ein. Doch als er im Jahr 44 plötzlich starb, überließ Kaiser Claudius Judäa nicht dessen erst 17jährigem Sohn *Agrippa II.*, sondern schuf eine neue und erweiterte Prokuratur Judäa. Agrippa erhielt das kleine Königreich Chalkis, das er später mit dem Herrschaftsgebiet der früheren Tetrarchen Herodes Antipas und Philippus vertauschte. Seine Herrschaft endete faktisch mit dem ersten jüdischen Aufstand, auch wenn die Römer ihn bis zu seinem Tod im Jahr 100 im Amt ließen.

Seit dem Tod Herodes' I. war das Land nicht mehr zur Ruhe gekommen. Es gab Hungersnöte, und Räuberbanden trieben ihr Unwesen. Zudem taten sich militante politische Gruppierungen hervor: die Zeloten („Eiferer"), die im Kampf gegen Rom ein gottgefälliges Werk sahen, das der messianischen Zeit vorausgehen mußte, und die Sikarier, die einen Dolch im Gewande trugen (sica = Dolch). Römische Soldaten verspotteten Angehörige der Jerusalemer Kultgemeinde beim Paschafest; galiläische Festpilger wurden von Samaritern überfallen, ohne daß jemand eingriff. Bestätigt fühlten sich diese radikalen Kreise durch römische Prokuratoren, die ohne Rücksicht auf die Eigenarten der jüdischen Religion Judäa hauptsächlich als Quelle persönlicher Bereicherung ansahen.

Gessius Florus, der letzte römische Prokurator, war es auch, der mit seinem Griff nach dem Jerusalemer Tempelschatz den ersten Aufstand unmittelbar auslöste. Im Jahr 66 kam es zunächst in Cäsarea, dann aber auch in Jerusalem zu schweren Unruhen und schließlich zum Ausbruch des Krieges. Unter Führung des jungen Tempelobersten Eleasar eroberten die Aufständischen den Tempelplatz, bald darauf auch die Burg Antonia und zwangen die römische Besatzung, sich in die Herodes-Zitadelle zurückzuziehen. Der Hohepriester, der eine militärische Intervention versuchte, wurde umgebracht, der mit einer Legion Soldaten herbeigeeilte römische Statthalter von Syrien, C. Cestius Gallus, bei Bet-Horon (nordwestlich von Jerusalem) geschlagen. Den

Aufständischen fiel die Festung Masada in die Hände. Nach dem Vorbild der Makkabäererhebung versuchten sie, eine Art Landesverteidigung zu organisieren. So wird in Galiläa der Schriftsteller und spätere Hofhistoriograph Kaiser Domitians, Flavius Josephus, Militärführer. Die Römer waren herausgefordert, sich stärker zu engagieren.

Kaiser Nero schickte den Feldherrn T. Flavius Vespasianus, der gemeinsam mit seinem Sohn Titus im Frühjahr 67 in Palästina eintraf. Mühsam gelang es den Römern, von Galiläa aus das Land zurückzuerobern. Der Selbstmord Neros und das anschließende Drei-Kaiser-Jahr mit Galba, Otho und Vitellius brachten weitere Verzögerungen. In der Mitte des Jahres 69 standen die Römer schließlich vor Jerusalem und belagerten die Stadt. Ob die Urgemeinde sich in dieser Zeit nach Pella östlich des Jordans zurückzog, ist historisch unsicher. Da Vespasian in Ägypten und Syrien zum römischen Kaiser ausgerufen wurde, mußte er zur Durchsetzung seiner Herrschaftsansprüche nach Rom zurück. Sein Sohn Titus setzte die Belagerung Jerusalems fort. Als er zu Anfang des Jahres 70 begann, die Stadt zu berennen, leistete sie trotz innerer Auseinandersetzungen unter den verschiedenen Gruppierungen erbitterten Widerstand. Im September fiel sie den Römern in die Hand. Titus richtete ein schreckliches Blutbad an, plünderte die Stadt und zerstörte sie so gründlich, daß kein Stein auf dem anderen blieb. Als er in Rom als Sieger einzog, führte er zwei Anführer des Aufstands, Johannes von Gischala und Simon bar Girra, mit sich. Der Titusbogen auf dem Forum Romanum mit der berühmten Darstellung der Menora (dem siebenarmigen Leuchter) und anderer erbeuteter Tempelgeräte erinnert noch heute an diesen triumphalen Einzug.

Ein Nachspiel zum ersten jüdischen Aufstand, den Flavius Josephus in seinem „Jüdischen Krieg“ fesselnd beschreibt, fand auf dem Herodeion und den Festungen am Toten Meer, Machärus und Masada, statt. Auf Masada hatten sich Zeloten verschanzt. Vom Sommer 73 bis zum Frühjahr 74 mußten die Römer die Festung belagern, bis die Eroberung dann Über eine aufgeschüttete Rampe gelang. Als die Römer die Festung betraten, hatten sich fast alle Belagerten – an die 1000 Menschen – das Leben genommen. Ausgrabungen haben die Schilderung im „Jüdischen Krieg" (Buch VII, 8–9) eindrucksvoll bestätigt. Bis heute ist Masada ein Symbol für den Freiheitswillen des jüdischen Volkes.

Die Folgen der Niederlage für Judäa waren mit der Zerstörung des Tempels auch der endgültige Verlust des religiös-kultischen Mittelpunktes, das Ende der Selbstverwaltung in Form des Synedriums und der Untergang der Priesterschaft und der von ihr getragenen Partei der Sadduzäer. In der Diaspora verschärfte sich der Gegensatz zwischen den Juden und ihrer Umwelt.

Judäa wurde nun unabhängige kaiserliche Provinz; der Legat residierte in Cäsarea am Meer. Die jüdische Religion zählte weiterhin zur „erlaubten Religion", doch das oberste Gremium konstituierte sich nicht mehr in Jerusalem, sondern in Jamnia (südlich von Joppe). Auch wenn es sich wieder „Synedrium" nannte, hatte es keinerlei politische Bedeutung mehr. Es repräsentierte auch nur die pharisäische Richtung. Im Mittelpunkt stand neben der Schriftauslegung vor allem die Rechtspflege. Mit der Gruppe der Gesetzesgelehrten, den Rabbinen, bildete sich nun eine neue soziale Schicht heraus. Ihre Rechtsauslegungen wurden als eine Art mündlicher Tora im 2. Jahrhundert in der „Mischna" gesammelt. Die Versammlungen von Jamnia legten schließlich auch den Kanon des Alten Testaments verbindlich fest und verdrängten damit das gesamte apokalyptische Schriftentum.

Mit dem Fall von Masada endet die Geschichtsschreibung des Flavius Josephus, und für die Folgezeit gibt es kaum Quellen. In der Diaspora kam es in den Jahren 115–117 im ganzen östlichen Mittelmeerraum zu schweren antijüdischen Ausschreitungen, die die Römer kaum in den Griff bekamen und die in der Zyrenaika, in Ägypten und auf Zypern nahezu zur Auslöschung des Diasporajudentum führten. Dadurch blieben die Kultur und Literatur des hellenistischen Judentums für die weitere Geschichte so gut wie ohne Nachwirkung. In Judäa selbst kam es im Jahr 132–135 n. Chr. unter Kaiser Hadrian in einem zweiten jüdischen Aufstand noch einmal zum Versuch einer Wiederherstellung der politischen Existenz Israels.

Anführer war *Bar Kochba,* eigentlich Simon ben Kosiba („Sternensohn“ = Messias). Einzelheiten des Aufstandes sind unbekannt. Jedenfalls „erhob“ sich „Israel“ unter seiner Führung und befreite Jerusalem . Wieder begann eine neue, kurze Ära. Münzen mit der Aufschrift „der Priester Eleasar“ wurden geprägt. Offenbar gab es in Jerusalem wieder Opfer. Doch auch im Gebirge und in der Wüste Juda regte sich Widerstand. Weder der Statthalter von Judäa noch der Legat von Syrien vermochten die Rebellion zu ersticken. Kaiser Hadrian sandte den bisherigen Statthalter von Britannien, Sextus Julius Severus, nach Palästina, dem es gelang, die jüdischen Aufständler zurückzudrängen. 50 Festungen und 1000 befestigte Ortschaften mußten erobert werden. 850 000 Mann sollen dabei den Tod gefunden haben. Zuletzt verteidigte sich Bar Kochba auf der „Hirbet el-Yehud“, der „Judenruine“, etwa zehn Kilometer westlich von Jerusalem. Hier verlor er sein Leben. Der Aufstand war zu Ende.

Nach 135 wurde Jerusalem zur Kolonie Aelia Capitolina. Auf dem Tempelplatz wurde eine Reiterstatue Hadrians aufgestellt und der Kult für die kapitolinischen Götter Jupiter, Juno und Minerva eröffnet. Juden wurde das Betreten von Jerusalem und Umgebung bei Todesstrafe verboten. Die Rabbinen zogen sich nach Galiläa zurück und bildeten vor allem in Tiberias, Bet-Schean und Sepphoris neue Zentren jüdischer Frömmigkeit und Gelehrsamkeit. Von da an verzweigen sich die Wege des einen Volkes Gottes in die Geschichte des Judentums und die des Christentums. Nur allzuoft haben dabei die Christen ihren Ursprung in der Wurzel Israel vergessen – mit unseligen Auswirkungen bis heute.

Der neue Himmel und die neue Erde – Gottes alternative Gesellschaft

Aus der Selbstbesinnung einer deportierten Elite, die weder den Gott Jahwe noch seinen sozialen Willen vergessen konnte, ging jene substaatliche Realität hervor, die die nachexilische Geschichte Israels bestimmt hat: der judäische Tempelstaat in und um Jerusalem herum. Man sagte ja dazu, staatlich unter dem Dach des herrschenden Großreiches zu leben, und versuchte, in dem substaatlichen Bereich dieser um einen Tempel herum angelegten kleinen Provinz Judäa nun die richtige Gesellschaft unter der Herrschaft Jahwes zu errichten. Diesem Willen verdanken wir das sogenannte Heiligkeitsgesetz (Lev 17–26), ja die ganze priesterliche Gesetzgebung des Pentateuchs in den Büchern Exodus bis Numeri. Damals erhielt der Pentateuch als Rechtsbuch Israels, als die „Tora" seine Gestalt.

Das Recht des Alten Testaments entstammt also nicht einer staatlichen, sondern einer dem Staat gegenüber höchst skeptischen Konstellation. Die egalitäre Gesellschaft der Richterzeit stand gegen die Stadtstaaten Kanaans. Der Untergrund der Königszeit haßte das Davidsreich und seine Nachfolgegebilde. Die deuteronomische Bewegung versuchte zwar, Staat und Urideal Israels zu versöhnen, doch das mißlang. Die nachexilische Gemeinde fügte sich bewußt dem jeweiligen Großreich ein, um innerhalb desselben die Freiheit zu gewinnen, das alte Ideal zu verwirklichen.

Die Geschichte ging auf diesen Linien weiter. Die makkabäische Freiheitsbewegung wollte wieder auf einen eigenen Staat hinaus. Der Staat, der entstand, scheiterte ebenso wie der jüdische Aufstand, dem im Jahr 70 n. Chr. der Zweite Tempel zum Opfer fiel, und der Aufstand von Bar Kochba.

Unter den Gegenbewegungen zu all diesen „messianischen“ Tendenzen befand sich auch die in einem völlig anderen Sinn „messianische“ Jesusbewegung. In ihr war der alte gesellschaftliche Wille wiederum voll da. Ihr ging es nicht nur um das Heil des je einzelnen Menschen, sondern um das endzeitliche „Israel“.

Auch die frühen christlichen Gemeinden wollten keinen Staat, sondern substaatliche Gesellschaft. Wie die Apostelgeschichte zeigt, dachten sie wieder neu vom Eigentum. Sie suchten wieder die Aufhebung der sozialen Unterschiede.

Der römische Staat hat diese ihm hier entstehende nichtstaatliche, aber dennoch zutiefst gesellschaftlich orientierte Konkurrenz auch bald als solche erkannt. Die Christenverfolgungen setzten ein. Erst später fand ein Kaiser namens Konstantin ein wirksameres Mittel, dieser Konkurrenz den Stachel zu nehmen, nämlich sie zu integrieren. Doch die Bibel war inzwischen fertiggeschrieben, auch das Neue Testament. Was gemeint war, ist dort nachzulesen.

Im Neuen Testament tritt das Bild vom „Volk“, das glücklich in dem ihm von seinem Gott geschenkten „Land“ lebt, zurück hinter anderen Bildern. Paulus spricht gern vom „Leib“ Christi. Die Johannesapokalypse läßt die Kirche, die Braut des Lammes, als strahlende „Stadt“ vom Himmel auf die Erde hinabsteigen – wohl nicht nur als Bild jenseitiger Herrlichkeit, sondern als Deutung dessen, was in den christlichen Gemeinden Wirklichkeit werden kann (vgl. Offb 21,1). Nicht geändert hat sich beim Wechsel aller Bilder die Grundaussage. Es geht um eine nicht mit Staat und allgemeiner Gesellschaft identische eigene, endlich alternative Gesellschaft. Doch die zu dieser neuen Gesellschaft unter einem „neuen Himmel“ und auf einer „neuen Erde“ berufen sind, müssen wohl erst wie die frühen Israeliten die alten „Städte“ samt ihren „Göttern“ verlassen haben.

Ausgewählte deutschsprachige Literatur zur Geschichte Israels

1. Gesamtdarstellungen

Ben-Sasson, Haim Hillel (Hrsg.), Geschichte des jüdischen Volkes. Band I. München [2]1981.
Clauss, Manfred, Geschichte Israels. Von der Frühzeit bis zur Zerstörung Jerusalems (587 v. Chr.). München 1986.
Donner, Herbert, Geschichte des Volkes Israels und seiner Nachbarn in Grundzügen (ATD, Ergänzungsreihe Band 4/1 und 4/2). Göttingen [2]1995.
Gunneweg, A. H. J., Geschichte Israels bis Bar Kochba. Stuttgart [5]1984.
Herrmann, Siegfried, Geschichte Israels in alttestamentlicher Zeit. München [2]1980.
Ders., Geschichte Israels. In: Theologische Real-Enzyklopädie (TRE) XII. 1984, 689–740.
Herrmann, Siegfried/Klaiber, Walter, Die Geschichte Israels. Von Abraham bis Bar Kochba. Stuttgart 1996.
Metzger, Martin, Grundriß der Geschichte Israels. Neukirchen-Vluyn [8]1990.
Noth, Martin, Geschichte Israels. Göttingen [10]1986.
Soggin, Alberto, Einführung in die Geschichte Israels und Judas. Darmstadt 1991.

2. Zur Einführung in die Geschichte Israels

Lohfink, Norbert, Gesellschaftlicher Wandel und das Antlitz des wahren Gottes. Zu den Leitkategorien einer Geschichte Israels. In: Dynamik im Wort, Festschrift Katholisches Bibelwerk. Stuttgart 1983, 19–131.
Weippert, Manfred, Geschichte Israels am Scheideweg. In: Theologische Rundschau 58 (1993), 71–103.

3. Quellen, Geographie, Archäologie und Umwelt des AT

Aharoni, Yohanan, Das Land der Bibel. Eine historische Geographie. Neukirchen-Vluyn 1984.
Albertz, Reiner, Religionsgeschichte Israels in alttestamentlicher Zeit I und II (ATD Ergänzungsreihe 8/1.2). Göttingen 1992.
Beyerlin, Walter (Hrsg.), Religionsgeschichtliches Textbuch zum Alten Testament (ATD Ergänzungsreihe 1). Göttingen [2]1985.
Bieberstein, Klaus/Bloedhorn, Hanswulf, Jerusalem, Band I–III (BTAVO 100/1–3). Wiesbaden 1994.

Donner, Herbert, Einführung in die biblische Landes- und Altertumskunde. Darmstadt ²1988.
Fritz, Volkmar, Einführung in die biblische Archäologie. Darmstadt 1985.
Galling, Kurt (Hrsg.), Textbuch zur Geschichte Israels. Tübingen ³1979.
Herders großer Bibelatlas, hrsg. von James Pritchard u.a. Dt. Ausgabe hrsg. u. bearb. von Othmar Keel und Max Küchler. Freiburg i.Br. 1989.
Keel, Othmar/Küchler, Max/Uehlinger, Christoph, Orte und Landschaften der Bibel. Ein Handbuch und Studienreiseführer zum Heiligen Land. Vier Bände (bisher zwei Bände erschienen). Köln 1982ff.
Keel, Othmar/Uehlinger, Christoph, Göttinnen, Götter und Gottessymbol. Neue Erkenntnisse zur Religionsgeschichte Kanaans und Israels aufgrund bislang unerschlossener ikonographischer Quellen (Quaestiones disputatae 134). Freiburg i.Br. ³1995.
Knauf, Ernst Axel, Die Umwelt des Alten Testaments (Neuer Stuttgarter Kommentar. Altes Testament 29). Stuttgart 1994.
Kuhnen, Hans Peter, Palästina in griechisch-römischer Zeit (Handbuch der Archäologie, Vorderasien II/2). München 1989.
Noort, Ed, Die Seevölker in Palästina (Palaestina Antiqua 8). Kampen 1994.
Smelik, Klaas A. D., Historische Dokumente aus dem alten Israel (Kleine Vandenhoeck-Reihe 1528). Göttingen 1987.
Thiel, Winfried, Archäologie Palästinas in alttestamentlicher Zeit. In: Werner H. Schmidt/Winfried Thiel/Robert Hanhart, Altes Testament. Stuttgart 1989.
Weippert, Helga, Palästina in vorhellenistischer Zeit (Handbuch der Archäologie: Vorderasien II/1). München 1988.
Zenger, Erich u.a., Einleitung in das Alte Testament. Stuttgart ²1996.

4. Bibellexika

Biblisches Reallexikon, hrsg. von Kurt Galling. Tübingen ²1977.
Biblisch Historisches Handwörterbuch. Landeskunde – Geschichte – Religion – Kultur – Literatur (BHH), hrsg. von Bo Reicke und Leonhard Rost. Vier Bände. Göttingen 1962–1979.
Herbert Haag, Biblisches Wörterbuch. Freiburg i. Br. ²1996 (auch auf 2 Disketten. Freiburg i.Br. 1995).
Neues Bibel-Lexikon, hrsg. von Manfred Görg und Bernhard Lang. Zürich 1988f.
Reclam Bibellexikon, hrsg. von Klaus Koch u. a. Stuttgart ³1982.

Zu Kapitel 1: Israel als Stämmegesellschaft

Dietrich, Walter, Israel und Kanaan. Vom Ringen zweier Gesellschaftssysteme (SBS 94). Stuttgart 1979.
Fritz, Volkmar, Die Entstehung Israels im 12. und 11. Jahrhundert v. Chr. (Biblische Enzyklopädie 2). Stuttgart 1996.
Görg, Manfred, Die Beziehungen zwischen dem Alten Testament und Ägypten. Von den Anfängen bis zum Exil. Darmstadt 1997.

Lemche, Niels Peter, Die Vorgeschichte Israels (Biblische Enzyklopädie 1). Stuttgart 1996.

Schäfer-Lichtenberger, Christa, Stadt und Eidgenossenschaft im Alten Testament. Eine Auseinandersetzung mit Max Webers Studie „Das antike Judentum" (BZAW 156). Berlin 1983.

Weimar, Peter/Zenger, Erich, Exodus. Geschichten und Geschichte der Befreiung Israels (SBS 75). Stuttgart 1975.

Zenger, Erich, Israel am Sinai. Analysen und Interpretationen zu Ex 17–34. Altenberge 1982.

Zu Kapitel 2: Die staatliche Zeit Israels

Crüsemann, Frank, Der Widerstand gegen das Königtum. Neukirchen-Vluyn 1978.

Lohfink, Norbert, Das Königtum Gottes und die politische Macht. Zur Funktion der Rede vom Gottesreich bis zu Jesus von Nazaret. In: Das Jüdische am Christentum. Die verlorene Dimension. Freiburg i. Br. 1987.

Neu, Reiner, Von der Anarchie zum Staat. Entwicklungsgeschichte Israels vom Nomadentum zur Monarchie im Spiegel der Ethnosoziologie. Neukirchen-Vluyn 1992.

Niemann, H. M., Herrschaft, Königtum und Staat. Skizzen zur soziokulturellen Entwicklung im monarchischen Israel. Tübingen 1993.

Soden, Wolfram von, Der Nahe Osten im Altertum. Propyläen-Weltgeschichte. Frankfurt/M. 1978.

Timm, Stefan, Die Dynastie Omri (FRLANT 124). Göttingen 1982.

Spieckermann, Hermann, Juda unter Assur in der Sargonidenzeit (FRLANT 129). Göttingen 1982.

Zu Kapitel 3: Israel als Tempelstaat und Diaspora

Dommershausen, Werner, Die Umwelt Jesu. Politik und Kultur in neutestamentlicher Zeit. Freiburg i. Br. ²1977.

Hengel, Martin, Judentum und Hellenismus. Studien zu ihrer Begegnung unter besonderer Berücksichtigung Palästinas bis zur Mitte des 2. Jhs. v. Chr. Tübingen ³1988.

Lohfink, Gerhard, Wie hat Jesus Gemeinde gewollt? Zur gesellschaftlichen Dimension des christlichen Glaubens. Freiburg i. Br. ⁹1991 (TB 1993).

Maier, Johann, Das Judentum. Von der biblischen Zeit bis zur Moderne. München 1973.

Mussner, Franz, Die Kraft der Wurzel, Judentum – Jesus – Kirche. Freiburg i. Br. 1987.

Umwelt des Urchristentums. Darstellung des neutestamentlichen Zeitalters, hrsg. von Johannes Leipoldt und Walter Grundmann. Berlin ²1967.

Die Texte der Bibel werden nach der „Einheitsübersetzung der Heiligen Schrift" (Katholische Bibelanstalt, Stuttgart) zitiert.

Zeittafel zur Geschichte Israels
mit Angabe der wichtigsten Gestalten und Ereignisse

ÄGYPTEN			
1552–1070 Neues Reich			
1552–1527 Ahmose			
1506–1494 Thutmosis I.			
1490–1436 Thutmosis III.			
1436–1412 Amenophis II.			
1412–1402 Thutmosis IV.		HETITER	
1402–1364 Amenophis III.		1370–1336 Šuppiluliuma I.	ASSYRIEN
1364–1347 Amenophis IV. Echnaton			1364–1328 Assur-uballit I.
1306–1304 Ramses I.			
1304–1290 Sethos I.			
1290–1224 Ramses II.			
	1285 Schlacht bei Kadesch		
	1270 Friedensvertrag mit Hattušili III.		Einbruch der „Seevölker“ aus der Ägäis
1224–1204 Merneptah			
1219 Israel–Stele		um 1200 Zerstörung von Hattuša	
1184–1153 Ramses III. Seevölkerschlacht			
1153–1070 Ramses IV.–XI.			Aufkommen der Aramäer
	ISRAEL		
	vor 1004 Saul		Samuel
	1004/3–965/4 (?) David		Natan Gad
945–924 Schoschenk I.	965/4–926/5 (?) Salomo		
	926 „Reichsteilung“		

Juda	*Israel*		
926–910 Rehabeam	927–907 Jerobeam I.		
910–908 Abija		ARAM-DAMASKUS	
908–868 Asa	907–906 Nadab	Benhadad I.	
	906–883 Bascha		
	883–882 Ela		
	882 Simri		
	882/78–71 Omri	Benhadad II.	
868–847 Joschafat	871–852 Ahab	ASSYRIEN	Elija
	852-851 Ahasja	858–824 Salmanassar III.	Elischa
852/47–845 Joram	851–845 Joram		
845–840 Atalja			
840–801 Joasch	818–802 Joahas	824–811Šamši-Adad V.	
801–773 Amazja	802–787 Joasch	811–781 Adadnarari III.	
773–736 (?) Asarja	787–747 Jerobeam II.		Amos, Hosea
(Usija)	747 Secharja		Jesaja, Micha
	747 Schallum		
756–741 Jotam	747–738 Menahem	745–727 Tiglatpileser III.	
(759–744)			
	737–736 Pekachja		
741–725 Ahas	735–732 Pekach	727–722 Salmanassar V.	
734–732 Syrisch-efraimitischer Krieg		732 Eroberung von Damaskus	
	731–723 Hoschea		
725–697 Hiskija	722 Fall Samarias,	722–705 Sargon II.	
(728–700)	Ende des Nordreichs	705–681 Sanherib	

	696–642 Manasse	NEUBABYLONI-	681–669 Asarhaddon	
	641–640 Amon	SCHES REICH	669–630 Assurbanipal	
	639–609 Joschija	(629–539)	612 Zerstörung Ninives	
610–595 Necho II.	609 Joahas	605 Schlacht bei Karkemisch		Jeremia
	608–598 Jojakim	605–562 Nebukadnezzar II.		Nahum
	598/7 Jojachin			Ezechiel
	598/7–587/6 Zidkija			
	598/7 1. Eroberung Jerusalems			
589–570 Hofra	587/6 Fall Jerusalems			
	(587/6 Gedalja)			
	Babylonisches Exil und	562–560 Amel-Marduk	PERSIEN	
	Beginn der Diaspora	556–539 Nabonid	559–530 Kyros II.	
		539 Fall Babylons		
	538 Kyros-Edikt			
			530–522 Kambyses II.	Haggai
	515 Einweihung des 2. Tempels		522–486 Dareios I.	Sacharja
			486–465/4 Xerxes I.	„Tritojesaja"
	ab 445 Nehemia		465/4–425 Artaxerxes I. Longimanus	Maleachi
			424–404 Dareios II.	
	um 398 Esra		404–359/8 Artaxerxes II. Mnemon	
		GRIECHENLAND		
		336–323 Alexander der Große		
		333 Schlacht bei Issos		
		332 Diadochenkriege		

Ptolemäer (301–200)	*Seleukiden*
323–285 Ptolemäus I. Soter	312–281 Seleukos I. Nikator
285–246 Ptolemäus II. Philadelphos	281–261 Antiochus I. Soter
	261–246 Antiochus II. Theos
246–221 Ptolemäus III. Euergetes	246–226 Seleukos II. Kallinikos
	246–226 Seleukos III. Keraunos
221–204 Ptolemäus IV. Philopator	223–187 Antiochus III. der Große
204–181 Ptolemäus V. Epiphanes	
200 (198) Schlacht bei Paneas – Beginn der Vorherrschaft der Seleukiden	
	190 Schlacht bei Magnesia
	187–175 Seleukos IV. Philopator
181–145 Ptolemäus VI. Philometor	175–164 Antiochus IV. Epiphanes
166–164 Makkabäeraufstand	
164 Wiedereinweihung des Tempels	
Hasmonäer	162 Antiochus V. Eupator
160–142 Jonatan	162–150 Demetrios I. Soter
	153–145 Alexander I. Balas
142–134 Simeon	145–139/8 und
	129–125 Demetrios II. Nikator
134–104 Johannes Hyrkanus I.	138–129 Antiochus VII. Sidetes
104–103 Aristobulos I.	

103–76 Alexander Jannäus	RÖMISCHES REICH	*Statthalter in Syrien*	
76–67 Salome Alexandra (Johannes Hyrkanus II.)	70–48 Pompeius	63–57 M. Aemilius Scaurus	
67–63 Aristobulos II.		57–55 A. Gabinius	
47–40 Hyrkanus II.	49–44 Cäsar		
40–37 Antigonus	*Kaiser:*	ab 49 C. Sosius	
37 v.–4 n. Chr. Herodes I.	29 v.–14 n. Chr. Octavius Augustus		Jesus von Nazaret (ca. 4 v.–27/30 n. Chr.)
Tetrarchen: 4 v.–6 n. Chr. Archelaos		*Prokuratoren in Judäa:*	
4 v.–39 n. Chr. Herodes Antipas	14–37 Tiberius	26–29 Pontius Pilatus	30(33) Bekehrung des Paulus ab 34(37) 1. Missionsreise
4 v.–34 n. Chr. Philippus	37–41 Caligula		
41–44 Agrippa I.	41–54 Claudius	48–52 Ventidius Cumanus	47(50) Apostelkonzil
44–100 Agrippa II.	68/69 Galba, Otho, Vitellius	52–60 Antonius Felix	zwischen 48(51) u. 52(55) 2. Missionsreise
	69–79 Vespasian	60–62 Porcius Festus	zw. 53 u. 58 3. Missionsreise
		64–66 Gessius Florus	59/60 oder 60/61 Tod des Paulus
66–70/74 1. jüd. Aufstand 70 Zerstörung Jerusalems 74 Fall Masadas			
	79–81 Titus 81–96 Domitian 96–98 Nerva 98–117 Traian 117–138 Hadrian		
132–135 2. jüd. Aufstand (Bar Kochba) Zerstörung Jerusalems und Wiederaufbau als Aelia Capitolina Vertreibung der Juden aus Judäa			

Bibelstellenverzeichnis

Neues Testament

Namen- und Sachregister